JN045502

基礎英文の
テオリア

英文法で迫る英文読解の基礎知識

石原 健志
倉林 秀男 著

THEŌRIA θεωρία
Grammar as the Key
to a Proper Interpretation of English

Z-KAI

はじめに

本書は、「英文法から書き手の〈メッセージ〉に迫る」ことをめざした『英文解釈のテオリア』に取り組む前に身につけておきたい基礎知識を学ぶ、英文読解の入門書です。50語から80語程度の英文をもとに、英文法をカギに英文に込められた〈メッセージ〉を読み解くトレーニングを行う『英文解釈のテオリア』に対して、本書では、〈語順〉と〈品詞〉をカギに、1文の構造を正確にとらえ、意味を読み解くトレーニングを行います。

英語の意味をとらえるためには、**〈語順〉**を意識する必要があります。それは、日本語と異なり、**英語は語順で意味が決まる**からです。たとえば、Tom kicked Ken.（トムはケンをけった）のTomとKenを入れ替えるとKen kicked Tom. となりますが、この文は「ケンはトムをけった」という意味になり、もとの文とは〈ける側〉と〈けられる側〉が逆になってしまいます。また、Tomを文の後ろに持ってきて×Kicked Ken Tom. とすると、文として成り立たなくなってしまいます。このように、英語は「だれが・どうする・なにを・どこで・いつ」という語順がほぼ固定されており、そのため、語順を意識することが英文を読み解くための第一歩になるのです。本書では、英文読解の土台となる英語の〈語順〉について、京都大学名誉教授の田地野彰先生が提案している〈意味順〉の概念を援用しつつ、基礎からしっかりと学んでいきます。

〈語順〉を正しくとらえるためには、**〈品詞〉**の知識が必要になります。たとえば、主語になれるのは名詞で、形容詞や副詞は単独では主語にはなれません。また、補語になれるのは名詞と形容詞で、動詞は補語にはなれません。このように、**〈語順〉と〈品詞〉は密接に結びついています。**したがって、品詞のはたらきを知らないと、語順を正しくとらえることができないのです。本書では、品詞の中でも文中で特に重要なはたらきをする〈名詞〉〈動詞〉〈形容詞〉〈副詞〉を中心に、英文の中での各品詞のはたらきについてくわしく見ていきます。また、複数の語が結びついてできた〈意味のかたまり〉である句や節が、文の中でどのようなはたらきをするかについても確認していきます。

本書は、英文の構造を読み解くために必要な〈語順〉と〈品詞〉について整理した後に、練習問題でそれがどのように表れているかを確認していく構成になっています。**練習問題で扱う英文は、実例から選びました**（一部改変したものもあります）。そのため、「基礎英文」というにはやや難しいものも含まれています。しかし、本書の解説をしっかりと読み、〈語順〉と〈品詞〉を意識して取り組めば、必ず読み解くことができるようになっています。また、日本語訳は、英文の〈語順〉と〈品詞〉を意識した、いわゆる〈直訳〉に近いものになっているので、英文と日本語訳を比べてみることで、〈語順〉と〈品詞〉の感覚を自然に学べるようになっています。ていねいな解説と日本語訳を読むことで、大学入試はもちろん、さまざまな場面で役立つ英文読解力が身につくとともに、「英文の構造を読み解く楽しさ」を体験できるでしょう。

また、**練習問題で扱う英文は、短いながらも豊かな内容を含むものを選んだ**つもりです。問題のために人工的に作られた、無味乾燥な英文を読んでも、楽しくないですよね。いきいきとした実例に取り組むことで、語彙や文法などの知識はもちろん、英語圏の文化や社会など、英文が書かれた背景に関する知識も学ぶことができます。本書の英文を通じて、「英文を読む楽しさ」、さらには「英語を通じて世界を知る楽しさ」を感じていただければと思っています。

〈語順〉と〈品詞〉は、英文を読み解くための土台であり、英文読解の両輪ともいえるものです。この両輪をうまく回せるようになってはじめて、英文の構造を正確にとらえ、意味を正しく理解できるようになります。そして、その先には、『英文解釈のテオリア』で扱う「英文法から書き手の〈メッセージ〉に迫る」世界が待っています。本書で英文読解の土台作りをしっかりと行い、本格的な英文読解の「はじめの一歩」を踏み出しましょう。

書名にある「テオリア」とは、「眺めること」という意味のギリシャ語で、哲学では「事物の真理を理性的に知ろうとすること」(『日本国語大辞典』)を指します。本書とともに英文読解の歩みを進め、英語を通じて世界のテオリア、つまり、世界を眺め、知ることの面白さを感じてほしいと願っております。

最後になりましたが、〈意味順〉の概念を援用することをご快諾いただきました田地野彰先生に、この場を借りて心よりお礼申し上げます。

石原 健志
倉林 秀男

もくじ

本書の構成と使い方

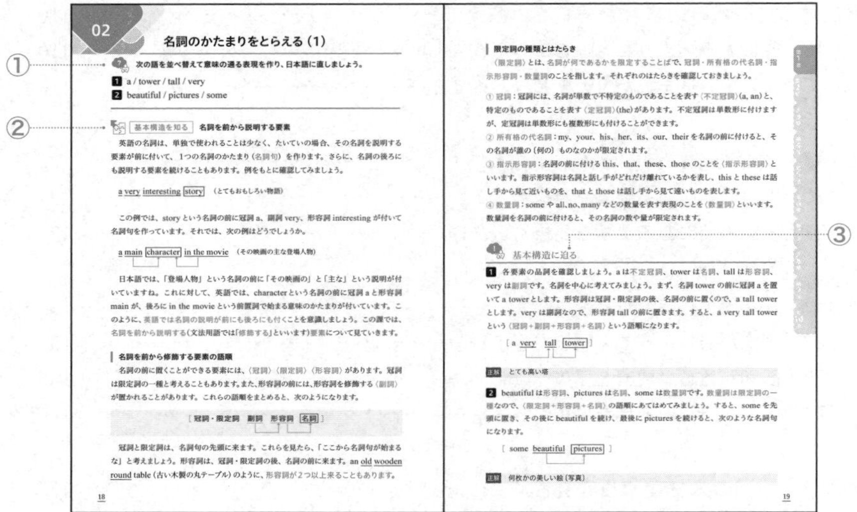

①
②
③

02 名詞のかたまりをとらえる（1）

次の語を並べ替えて意味の通る表現を作り、日本語に直しましょう。

1 a / tower / tall / very
2 beautiful / pictures / some

基本構造を知る　名詞を前から説明する要素

英語の名詞は、単独で使われることは少なく、たいていの場合、その名詞を説明する要素が前に付いて、1つの名詞のかたまり（名詞句）を作ります。さらに、名詞の後ろにも説明する要素を続けることもあります。例をもとに確認してみましょう。

a very interesting story　（とてもおもしろい物語）

この例では、story という名詞の前に冠詞 a、副詞 very、形容詞 interesting が付いて名詞句を作っています。それでは、次の例はどうでしょうか。

a main character in the movie　（その映画の主な登場人物）

日本語では、「登場人物」という名詞の前に「その映画の」と「主な」という説明が付いていますね。これに対して、英語では、character という名詞の前に冠詞 a と形容詞 main が、後ろに in the movie という前置詞で始まる意味のかたまりが付いています。このように、英語では名詞の説明が前にも後ろにも付くことを意識しましょう。この課では、名詞を前から説明する（文法用語では「修飾する」といいます）要素について見ていきます。

名詞を前から修飾する要素の語順

名詞の前に置くことができる要素には、〈冠詞〉〈限定詞〉〈形容詞〉があります。冠詞は限定詞の一種と考えることもあります。また、形容詞の前には、形容詞を修飾する〈副詞〉が置かれることがあります。これらの語順をまとめると、次のようになります。

［ 冠詞・限定詞　副詞　形容詞　名詞 ］

冠詞と限定詞は、名詞句の先頭に来ます。これらを見たら、「ここから名詞句が始まるな」と考えましょう。形容詞は、冠詞・限定詞の後、名詞の前に来ます。an old wooden round table（古い木製の丸テーブル）のように、形容詞が2つ以上来ることもあります。

18

限定詞の種類とはたらき

〈限定詞〉とは、名詞が何であるかを限定することばで、冠詞・所有格の代名詞・指示形容詞・数量詞のことを指します。それぞれのはたらきを確認しておきましょう。

① 冠詞：冠詞には、名詞が単数で不特定のものであることを表す〈不定冠詞〉(a, an) と、特定のものであることを表す〈定冠詞〉(the) があります。不定冠詞は単数形に付けますが、定冠詞は単数形にも複数形にも付けることができます。
② 所有格の代名詞：my、your、his、her、its、our、their を名詞の前に付けると、その名詞が誰の〔何の〕ものなのかが限定されます。
③ 指示形容詞：名詞の前に付ける this、that、these、those のことを〈指示形容詞〉といいます。指示形容詞は名詞と話し手がどれだけ離れているかを表し、this と these は話し手から見て近いものを、that と those は話し手から見て遠いものを表します。
④ 数量詞：some や all、no、many などの数量を表す表現のことを〈数量詞〉といいます。数量詞を名詞の前に付けると、その名詞の数や量が限定されます。

基本構造に迫る

1 各要素の品詞を確認しましょう。a は不定冠詞、tower は名詞、tall は形容詞、very は副詞です。名詞を中心に考えてみましょう。まず、名詞 tower の前に冠詞 a を置いて a tower とします。形容詞は冠詞・限定詞の後、名詞の前に置くので、a tall tower とします。very は副詞なので、形容詞 tall の前に置きます。すると、a very tall tower という〈冠詞＋副詞＋形容詞＋名詞〉という語順になります。

［ a very tall tower ］

正解　とても高い塔

2 beautiful は形容詞、pictures は名詞、some は数量詞です。数量詞は限定詞の一種なので、〈限定詞＋形容詞＋名詞〉の語順にあてはめてみましょう。すると、some を先頭に置き、その後に beautiful を続け、最後に pictures を続けると、次のような名詞句になります。

［ some beautiful pictures ］

正解　何枚かの美しい絵〔写真〕

19

① 確認問題

その課で学ぶ文法に関する確認問題です。まずはこの問題に取り組み、その文法について知っているかを確認しましょう。

② 基本構造を知る

その課で学ぶ文法についての解説です。基本的な知識を確認しつつ、その文法が英文中で果たすはたらきや、英文中に出てきた時の見抜き方について学ぶことができます。

③ 基本構造に迫る

確認問題の解説と解答です。②の解説をふまえた解説になっているので、解答を確認するとともに、その課で学ぶ文法が英文中でどのように使われているかを確認しましょう。

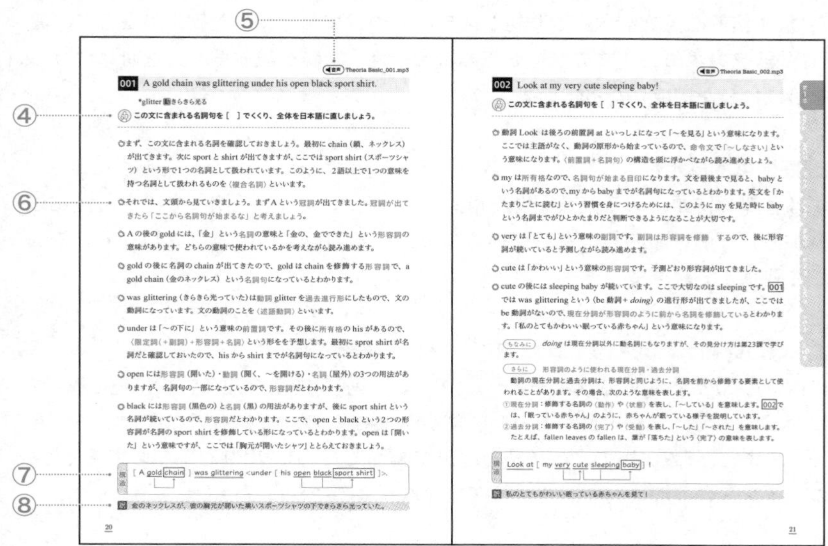

Theoria Basic_001.mp3

001 A gold chain was glittering under his open black sport shirt.

*glitter 動 きらきら光る

この文に含まれる名詞句を［　］でくくり、全体を日本語に直しましょう。

- まず、この文に含まれる名詞を確認しておきましょう。最初に chain（鎖、ネックレス）が出てきます。次に sport と shirt が出てきますが、ここでは sport shirt（スポーツシャツ）という形で1つの名詞として扱われています。このように、2語以上で1つの意味を持つ名詞として扱われるものを〈複合名詞〉といいます。
- それでは、文頭から見ていきましょう。まずAという冠詞が出てきました。冠詞が出てきたら「ここから名詞句が始まるな」と考えましょう。
- Aの後の gold には、「金」という名詞の意味と「金の、金でできた」という形容詞の意味があります。どちらの意味で使われているかを考えながら読み進めます。
- gold の後に名詞の chain が出てきたので、gold は chain を修飾する形容詞で、a gold chain（金のネックレス）という名詞句になっているとわかります。
- was glittering（きらきら光っていた）は動詞 glitter を過去進行形にしたもので、文の動詞になっています。文の動詞のことを〈述語動詞〉といいます。
- under は「〜の下に」という意味の前置詞です。その後に所有格の his があるので、〈限定詞（＋副詞）＋形容詞＋名詞〉という形をを予想します。最初に sprot shirt が名詞だと確認しておいたので、his から shirt までが名詞句になっているとわかります。
- open には形容詞（開いた）・動詞（開く、〜を開ける）・名詞（屋外）の3つの用法がありますが、名詞句の一部になっているので、形容詞だとわかります。
- black には形容詞（黒色の）と名詞（黒）の用法がありますが、後に sport shirt という名詞が続いているので、形容詞だとわかります。ここで、open と black という2つの形容詞が名詞の sport shirt を修飾している形になっているとわかります。open は「開いた」という意味ですが、ここでは「胸元が開いたシャツ」ととらえておきましょう。

構造 [A gold chain] was glittering <under [his open black sport shirt]>.

訳 金のネックレスが、彼の胸元が開いた黒いスポーツシャツの下できらきら光っていた。

20

Theoria Basic_002.mp3

002 Look at my very cute sleeping baby!

この文に含まれる名詞句を［　］でくくり、全体を日本語に直しましょう。

- 動詞 Look は後ろの前置詞 at といっしょになって「〜を見る」という意味になります。ここでは主語がなく、動詞の原形から始まっているので、命令文で「〜しなさい」という意味になります。〈前置詞＋名詞句〉の構造を頭に浮かべながら読み進めましょう。
- my は所有格なので、名詞句が始まる目印になります。文を最後まで見ると、baby という名詞があるので、my から baby までが名詞句になっているとわかります。英文を「かたまりごとに読む」という習慣を身につけるためには、このように my を見た時に baby という名詞までがひとかたまりだと判断できるようになることが大切です。
- very は「とても」という意味の副詞です。副詞は形容詞を修飾　するので、後に形容詞が続いていると予測しながら読み進めます。
- cute は「かわいい」という意味の形容詞です。予測どおり形容詞が出てきました。
- cute の後には sleeping baby が続いています。ここで大切なのは sleeping です。001 では was glittering という〈be 動詞＋ *doing*〉の進行形が出てきましたが、ここでは be 動詞がないので、現在分詞が形容詞のように前から名詞を修飾しているとわかります。「私のとてもかわいい眠っている赤ちゃん」という意味になります。

ちなみに *doing* は現在分詞以外に動名詞にもなりますが、その見分け方は第23課で学びます。

さらに 形容詞のように使われる現在分詞・過去分詞

動詞の現在分詞と過去分詞は、形容詞と同じように、名詞を前から修飾する要素として使われることがあります。その場合、次のような意味を表します。

①現在分詞：修飾する名詞の〈動作〉や〈状態〉を表し、「〜している」を意味します。002 では、「眠っている赤ちゃん」のように、赤ちゃんが眠っている様子を説明しています。

②過去分詞：修飾する名詞の〈完了〉や〈受動〉を表し、「〜した」「〜された」を意味します。たとえば、fallen leaves の fallen は、葉が「落ちた」という〈完了〉の意味を表します。

構造 Look at [my very cute sleeping baby] !

訳 私のとてもかわいい眠っている赤ちゃんを見て！

21

④ 練習問題

その課で学ぶ文法を含む英文を使った練習問題です。まずは指示文にしたがって英文に取り組んでみましょう。

⑤ 音声ファイル名

音声ファイルは無料でダウンロードできます（→ p.9 音声サイトのご案内）。

⑥ 英文解説

英文の読み方についてのくわしい解説です。文法や語句の確認はもちろん、英文の読み方についても説明しているので、解説を読むことで英文を左から右に読む、いわゆる〈直読〉の感覚が追体験できるようになっています。

⑦ 構造

英文の構造を図解しています。図解で使用している主な記号は以下のとおりです。

□：主語　＿＿：動詞　＿＿：目的語　〰：補語

［　］：名詞句・名詞節　（　）：形容詞句・形容詞節　<　>：副詞句・副詞節

⑧ 訳

英文の日本語訳です。自分の訳と照らし合わせて、英文を正しく読み解けたか確認しましょう。

学習の進め方

本書は、本格的な英文解釈に取り組む前に身につけておきたい基礎知識として、〈語順〉と〈品詞〉をカギに、１文の構造を正確にとらえ、意味を読み解く力を身につけることを目標にした構成になっています。

① 確認問題に取り組む

まずは各課の冒頭にある確認問題を解いてみましょう。中学校までに学んだ文法の知識があれば解ける問題になっているので、基本的な文法について知っているかをここで確認しておきましょう。

②〈基本構造を知る〉を読み、文法のポイントを確認する

次に、その課で学ぶ文法のポイントについて、〈基本構造を知る〉で確認します。十分に理解できていない項目があれば、総合英語などの文法参考書で復習しておきましょう。また、解説に出てくる単語を辞書で調べて、品詞や用例を確認しておくと、文法のポイントの理解につながり、英文を読み解く際にも役立つでしょう。

③〈基本構造に迫る〉を読み、確認問題の解答を確認する

その課で学ぶ文法のポイントを確認できたら、〈基本構造に迫る〉で確認問題の解答を確認します。自分の答えが間違っていた時は、②の解説を改めて読み、英文の構造をしっかりと確認しておきましょう。

④ 練習問題に取り組む

最後に、練習問題に取り組み、その課で学ぶ文法のポイントを英文の中で確認します。解説は、文法や語句の確認はもちろん、英文の読み方についてもていねいに説明しているので、解説をしっかり読んで、わからない点をなくしておきましょう。ここまで来れば、〈語順〉と〈品詞〉をカギに、１文の構造を正確にとらえ、意味を読み解くコツがつかめてくるはずです。

⑤ 音読・音声を使った学習

英文の内容が理解できたら、音読に取り組むとよいでしょう。さらに、音声を使った学習を行うとより効果的です。「音声を聞く→訳してみる→意味がわかったところで再度音声を聞く」という流れで音声を活用し、文字だけでなく音からも英語を定着させましょう。

音声サイトのご案内

本書の練習問題の英文の音声は、下記サイトから無料でダウンロード・ストリーミングできます。音読・音声を使った学習（→ p.8）にご活用ください。

https://service.zkai.co.jp/books/zbooks_data/dlstream?c=3172

確認用英文集のご案内

本書の練習問題の英文とその日本語訳をまとめた「確認用英文集」(PDF 形式)を無料でご用意しています。上記の音声サイトからダウンロードして、音声とあわせてご活用ください。

辞書を使おう —本書での学習を始める前に—

英語を勉強していて、わからない単語が出てきたら、辞書を引いて意味を調べますよね。その時に、意味を確認するだけで辞書を閉じていませんか？　もちろん、それで問題ないこともあります。たとえば、amnesia という単語が出てきた時は、辞書で調べて「記憶喪失、健忘症」という意味を確認できれば十分でしょう。しかし、辞書はもっと多くのことを私たちに教えてくれます。たとえば、辞書を引くと、次のようなことを知ることができます。

① 単語の持つ多様な意味
② 単語の使い方
③ 同じような意味の単語の違い
④ 文化や歴史

ほかにもいろいろありますが、まずはこの４つの項目について、具体例をもとに確認しておきましょう。

■単語の持つ多様な意味を知る

英語の単語には、さまざまな意味を持つものがあります。例として、run について見てみましょう。run に「走る」という意味があることは、もちろん知っていますよね。それでは、「amnesia ＝記憶喪失、健忘症」と同じように、「run ＝走る」と覚えておけばよいのでしょうか。お手持ちの辞書で run を引いてみましょう。『ウィズダム英和辞典』（三省堂）では、run の項の冒頭に次のように語義がまとめられています。（次の画像は辞書アプリ「物書堂」版より（以下同））

SV(+) ㊂ 1, 4a 走る 2 急ぐ 3 逃げる 4b 立候補する
6 運行する 7 動く
SV+ ㊂ 5 伝わる 9 流れる 13 延びている
SVC ㊂ 17 (状態に)なる
SVO(+) ㊀ 1 経営する 3 操作する
SVO+ ㊀ 2 さっと動かす
【走行】 名 1 走ること 2 ひとっ走り
【成果】 名 3 得点 4 大量需要

これを見ると、run には「走る」以外にもさまざまな意味があり、さらに、自動詞以外に、他動詞のはたらきや名詞のはたらきがあることがわかります。つまり、

英文の中にrunが出てきた時は、前後にどのような語句があり、runとどのような関係になっているのかを確認して意味を判断する必要があるのです。

本書で学ぶ英文の中にも、さまざまな意味を持つ語が数多く出てきます。そのような語が出てきたら、知っている意味だけで判断せずに、辞書を引いてみましょう。そうすることで、その単語の持つ多様な意味を知るとともに、読解の時に注意すべきポイントも見えてくるはずです。

■単語の使い方を知る

英語の動詞にはSV、SVC、SVO、SVOO、SVOCの形があります。これらの形は、勝手に使ってよいわけではなく、単語によって使い方がある程度決まっています。したがって、単語が文中で使われる形についても辞書で調べる必要があります。例として、makeを辞書で調べてみましょう。『ウィズダム英和辞典』では、冒頭に次のように語義がまとめられています。

> SVO(+) SVOO ㊀他 1a 作る 1b 作ってあげる 2 準備する
> 　7 (行為を)する 17b なる
> SVO ㊀他 4 生じさせる 14 (金を)得る, もうける
> SVOC ㊀他 9 (行為を)させる 10a, 10b (状態に)する
> 　11 (役職に)選ぶ 17a, 17c (状態に)なる
> SV+ ㊀自 1 (方向に)進む
> SVC ㊀自 3 (状態に)なる, する

これを見ると、makeはSV、SVC、SVO、SVOO、SVOCのすべての形で使われることがわかります。さらに、SVOCの形を使う 9 10a 10b の意味を見ると、次のようになっています。

> **9** **〚make A do〛**(いやがっても強制的に)〈人などが〉A〈人など〉**に…させる;** (無意識に)〈物・事などが〉**Aに…させる** (! コーパス doはfeel, laugh, look, think, wantなどの原形不定詞; ↓ 文法)
>
> **10a** **〚make A C〛**〈人・物・事が〉A〈人・物・事〉**をCにする** (! Cは 名 形)
>
> **10b** **〚make A done〛**〈人などが〉A〈人・事など〉**を…された状態にする** (! 過分 は以下のような慣用表現で使われるもの以外は《まれ》; ↓ 語法のポイント)

このように、make を SVOC で用いる時は、C の位置に動詞の原形（原形不定詞）・名詞・形容詞・過去分詞が来ることがくわしく説明されています。

英語を読む時には、動詞が出てきたところで、後にどんな要素が来るかを予測することが大切です。そのような予測ができるようになるためには、動詞がどのような形で使われるかを知っていることが必要になります。特に、基本的な動詞については辞書を引いて、どのような形で使われるかを何度も確認しましょう。また、動詞を使った定型表現や名詞の可算名詞・不可算名詞、形容詞の限定用法・叙述用法などの情報も、英語を読む時に必要な情報になるので、辞書で調べて確認するようにしましょう。

■同じような意味の単語の違いを知る

日本語の「空っぽの」という意味を表す英語には、empty と vacant という形容詞があります。この2つの語は、同じように使うことができるのでしょうか。お手持ちの辞書を開いて確認してみましょう。『スーパーアンカー英和辞典』（Gakken）の empty の項を見ると、次のような記事が載っています。（次の画像は書籍版より）

【類語】からの
empty と vacant はともに「中に何も入っていない」の意だが，**vacant** はいつもは人がいるはずの場所が現在からになっていることをいう．したがって「空き家」は vacant house で，empty house というと「ガランとして何もない家」の意味になる．

英作の落とし穴　「この席はあいていますか」
「空いている」＝empty あるいは vacant であるが，「この席は空いていますか」を（×）Is this seat empty [vacant]? などとすることはできない．人がいるかいないかは見ればわかるので，わざわざこんな聞き方はしない．「だれかがとっているか」の意味で Is this seat taken ? と聞く．

どうですか、empty は「中にものが入っていない」という意味ですが、vacant には「いつも人がいるはずの場所が現在からになっている」という意味が含まれていること、さらに、「この席はあいていますか？」と言いたい時には empty や vacant は使うことができず、Is this seat taken? を使うということがていねいに説明されていますね。

このように、辞書を調べると、意味だけではなく「似たような単語の意味の違い」についても知ることができるのです。

■文化や歴史を知る

辞書を調べると、単語の意味や使い方はもちろん、文化や歴史を知ることもできます。たとえば、『オーレックス英和辞典』（旺文社）の name を見ると、次のような記事が載っていて、米英の人々とのコミュニケーションで注意が必要なことを知ることができます。（次の画像は辞書アプリ「物書堂」版より）

英語の真相

米英では性別に関係なく，同年代であれば，たとえ初対面でもファーストネームで呼び合うのが一般的なため，May I call you Joe?（ジョーと呼んでもいい？）のように許可を求めると「堅苦しい」「古めかしい」「よそよそしい」さらには「失礼」と感じられることもある．相手から Please call me Julie.（ジュリーと呼んでください）のように言われた場合も，Thank you. などと礼を言うと「皮肉的」「機嫌をとっている」と感じられることが多く，OK., Sure. などと返答するか，何も言わずにファーストネームに切り替えるのが一般的である．

また、『ジーニアス英和辞典』（大修館書店）の I には、次のような記事が載っていて、よく使う単語の歴史を知ることができます。（次の画像は辞書アプリ「物書堂」版より）

英語史Q&A

Q Iは，なぜいつも大文字で書くのですか？

A もともとは小文字でした．中世英語では小文字iには点がなくıという縦棒1本で書かれていました．縦棒はıı(=n)，ııı(=m)などにも使われ，前置詞inのつもりで書いたııı はni, m, iiiなどと誤読されるおそれがありました．とりわけ縦棒群に埋没しやすい1文字からなるこの単語は，視覚的に際立たせるためにやがて大文字書きが習慣化したのです．

ここで紹介したこと以外にも、辞書はさまざまなことを教えてくれます。紙の辞書でも、電子辞書でも、辞書アプリでもかまいません。知らない単語が出てきた時だけでなく、気になる単語が出てきたら、こまめに辞書を引いてみるようにしましょう。辞書を眺めているうちに、英語の奥深い世界を知ることができるでしょう。

01

英語の語順と品詞

基本構造を知る　英語の語順と品詞の関係

英語と日本語の語順の違い

英語と日本語の大きな違いのひとつに、「英語は語順で意味が決まる」ということがあります。これはどういうことか、日本語と英語を比較しながら確認してみましょう。

トムが ケンを けった。

この文は、「トムが」と「ケンを」を入れ替えて、「ケンをトムがけった」としても、同じ意味を表します。また、「トムが」を文の後ろに持ってきて「ケンをけった、トムが」と言っても、何が言いたいかわかりますね。このように、日本語には、文の中の語を入れ替えても同じことを表せるという特徴があります。それでは、英語はどうでしょうか。上の文を英語にしたもので考えてみましょう。

Tom kicked Ken.　（トムがケンをけった）

この文の Tom と Ken を入れ替えると、Ken kicked Tom. となります。この文は「ケンがトムをけった」という意味になり、もとの文とは〈ける側〉と〈けられる側〉が逆になってしまいます。また、日本語と同じ語順の× Tom Ken kicked. とすると、文として成り立たなくなってしまいます。このように、英語は語順によって文の意味が決まります。ですから、英語の意味をとらえるには、語順を意識することが大切になるのです。

英語の語順と意味のとらえ方

英語の語順と意味の関係をシンプルなかたちでまとめると、以下のようになります。

だれが	する（です）	だれ・なに	どこ	いつ
主語：S	述語動詞：V	目的語：O 補語：C	修飾語句	修飾語句

このかたちは、京都大学名誉教授の田地野彰先生が提案している語順のとらえ方で、〈意味順〉と呼ばれます。みなさんがよく耳にするであろう〈文型〉も、上のボックスで示されているように、このかたちで考えることができます。まずはこの〈意味順〉のボックスで、語順と意味の関係を押さえておきましょう。

英語の主な品詞

英語を学ぶ上で、〈語順〉をとらえることと同じくらい大切なのは、〈品詞〉を理解することです。〈品詞〉は〈語順〉と密接に結びついているので、ここでしっかりと理解しておきましょう。英語の品詞には、次のようなものがあります。

名詞、代名詞、動詞、助動詞、形容詞、副詞、冠詞、前置詞、接続詞、間投詞

ここでは、英文の骨格を作るもっとも大切な品詞である〈名詞〉〈動詞〉〈形容詞〉〈副詞〉の4つについて整理しておきましょう。

① **名詞**：「人」「もの」「ことがら」を表すことばです。代名詞も名詞の仲間と考えます。名詞は、数えられるかどうかによって次の２種類に分けることができます。

⑴　**可算名詞**：book（本）のように、「1つ、2つ…」と数えられる名詞のことを〈可算名詞〉といいます。可算名詞を使う時は、〈単数〉なのか〈複数〉なのかをかたちで示す必要があります。たとえば、book（本）なら、「1冊」であれば「1つ」を表すaを前に置いてa bookとし、「２冊」であれば、two booksのように数を表す語をbookの前に置き、語尾に「複数」を表す-sを付けて使います。

⑵　**不可算名詞**：water（水）のように、「1つ、2つ…」と数えられない名詞のことを〈不可算名詞〉といいます。不可算名詞には、aを前に置いたり-(e)sを付けたりしません。

② **動詞**：「～する」のような〈動作〉や、「～です」のような〈存在〉を表すことばです。動詞は、主語（人称・数）や時制によってかたちが変わります。動詞は、後に「～を」にあたる名詞が来るかどうかによって次の２種類に分けることができます。

⑴　**他動詞**：write a letter（手紙を書く）やplay the piano（ピアノをひく）のように、後に「～を」にあたる名詞が続く動詞を〈他動詞〉といいます。「～を」にあたる、動詞の動作の対象となる名詞のことを〈目的語〉といいます。

⑵　**自動詞**：go（行く）やrun（走る）のように、後に「～を」にあたる名詞（目的語）を必要としない動詞のことを〈自動詞〉といいます。

③ **形容詞**：「人」「もの」「ことがら」がどのようなものであるか、〈様子〉や〈状態〉を表すことばです。形容詞は、the good news（よいニュース）のように、名詞の前に置いて使い、その名詞がどのようなものであるかを説明します。また、She is happy.（彼女は幸せだ）のように、be動詞などの後に置いて、主語がどのようなものであるかを説明する〈補語〉として使うこともできます。

④ **副詞：出来事や動作、状態などについて説明を添えることば**です。たとえば、here（ここ）のような〈場所〉を表すことばや、yesterday（昨日）のような〈時間〉を表すことば、quickly（すばやく）のような〈様子〉を表すことば、always（いつも）のような〈頻度〉を表すことば、probably（たぶん）のような〈話し手の判断〉を表すことばが副詞です。

2語以上のかたまりで1つの品詞と同じはたらきをする場合（句）

英語では、**2語以上のかたまりが1つの品詞と同じはたらきをする**ことがあります。このような意味のかたまりのことを〈句〉といいます。例文をもとに具体的に見てみましょう。

I bought an interesting book written in English at the bookstore.
（私は書店で、英語で書かれたおもしろい本を1冊買った）

この文では、an interesting book は3語で1つの名詞のはたらきをしています。このように、名詞のはたらきをする意味のかたまりを〈名詞句〉といいます。また、written in English は3語で an interesting book について説明する形容詞のはたらきをしています。このように、形容詞のはたらきをする意味のかたまりを〈形容詞句〉といいます。さらに、at the bookstore は3語で「どこで」買ったかという説明を加える副詞のはたらきをしています。このように、副詞のはたらきをする意味のかたまりを〈副詞句〉といいます。

句をとらえることは、語順をとらえる上で非常に大切になります。英文を読む時は、どこからどこまでが意味のかたまりなのかを意識するようにしましょう。

語順と品詞の関係

最後に、語順と品詞の関係について見ていきましょう。〈意味順〉の各ボックスには、どんなことば（品詞）が入るかが決まっています。まずはどのボックスにどんなことばが入るのかを確認しておきましょう。

だれが	する（です）	だれ・なに	どこ	いつ
名詞	動詞	名詞 形容詞	副詞	副詞
（主語）	（述語動詞）	（目的語／補語）		

それでは、このボックスを使って、文がどのようにできていくかを見ていきましょう。たとえば、I bought a book.（私は1冊の本を買った）は、最初の3つのボックスに〈代名詞〉〈動詞〉〈名詞句〉が入った形になっています。

だれが	する（です）	だれ・なに	どこ	いつ
I 代名詞	bought 動詞	a book 名詞句		

この文の〈どこ〉のボックスに at the bookstore（書店で）という買った場所を表す副詞句を入れれば、「どこで買ったか」という情報を加えた、I bought a book at the bookstore.（私はその書店で1冊の本を買った）という文を作ることができます。

だれが	する（です）	だれ・なに	どこ	いつ
I 代名詞	bought 動詞	a book 名詞句	at the bookstore 副詞句	

さらに、〈いつ〉のボックスに yesterday（昨日）という買った時を表す副詞を入れれば、「いつ買ったか」という情報を加えた I bought a book at the bookstore yesterday.（私は昨日、その書店で1冊の本を買った）という文を作ることができるのです。

だれが	する（です）	だれ・なに	どこ	いつ
I 代名詞	bought 動詞	a book 名詞句	at the bookstore 副詞句	yesterday 副詞

このように、どんなに長い文でも、このボックスにあてはめていくことで構造をとらえ、意味の理解につなげることができます。まずはこのボックスを使って〈語順〉と〈品詞〉をしっかりと理解するようにしましょう。

〈品詞〉と〈語順〉は、英文を読み解く上で前提となる、もっとも基本的な情報です。この本でも、常に〈品詞〉と〈語順〉を意識しながら英語の基本構造を確認していきます。第2課からの学習に入る前に、ここで〈品詞〉と〈語順〉についてしっかりと頭の中に入れておきましょう。

02

名詞のかたまりをとらえる（1）

次の語を並べ替えて意味の通る表現を作り、日本語に直しましょう。

1 a / tower / tall / very

2 beautiful / pictures / some

基本構造を知る　**名詞を前から説明する要素**

英語の名詞は、単独で使われることは少なく、たいていの場合、その名詞を説明する要素が前に付いて、1つの名詞のかたまり（名詞句）を作ります。さらに、名詞の後ろにも説明する要素を続けることもあります。例をもとに確認してみましょう。

a very interesting [story]　（とてもおもしろい物語）

この例では、storyという名詞の前に冠詞a、副詞very、形容詞interestingが付いて名詞句を作っています。それでは、次の例はどうでしょうか。

a main [character] in the movie　（その映画の主な登場人物）

日本語では、「登場人物」という名詞の前に「その映画の」と「主な」という説明が付いていますね。これに対して、英語では、characterという名詞の前に冠詞aと形容詞mainが、後ろにin the movieという前置詞で始まる意味のかたまりが付いています。このように、**英語では名詞の説明が前にも後ろにも付く**ことを意識しましょう。この課では、**名詞を前から説明する**(文法用語では「**修飾する**」といいます)**要素**について見ていきます。

名詞を前から修飾する要素の語順

名詞の前に置くことができる要素には、**〈冠詞〉〈限定詞〉〈形容詞〉**があります。冠詞は限定詞の一種と考えることもあります。また、形容詞の前には、形容詞を修飾する**〈副詞〉**が置かれることがあります。これらの語順をまとめると、次のようになります。

［冠詞・限定詞　副詞　形容詞　[名詞]］

冠詞と限定詞は、名詞句の先頭に来ます。これらを見たら、「ここから名詞句が始まるな」と考えましょう。形容詞は、冠詞・限定詞の後、名詞の前に来ます。an old wooden round table（古い木製の丸テーブル）のように、**形容詞が２つ以上来ることもあります。**

限定詞の種類とはたらき

〈限定詞〉とは、名詞が何であるかを限定することばで、冠詞・所有格の代名詞・指示形容詞・数量詞のことを指します。それぞれのはたらきを確認しておきましょう。

① 冠詞：冠詞には、名詞が単数で不特定のものであることを表す〈不定冠詞〉(a, an)と、特定のものであることを表す〈定冠詞〉(the)があります。不定冠詞は単数形に付けますが、定冠詞は単数形にも複数形にも付けることができます。

② 所有格の代名詞：my、your、his、her、its、our、theirを名詞の前に付けると、その名詞が誰の〔何の〕ものなのかが限定されます。

③ 指示形容詞：名詞の前に付けるthis、that、these、thoseのことを〈指示形容詞〉といいます。指示形容詞は名詞と話し手がどれだけ離れているかを表し、thisとtheseは話し手から見て近いものを、thatとthoseは話し手から見て遠いものを表します。

④ 数量詞：someやall、no、manyなどの数量を表す表現のことを〈数量詞〉といいます。数量詞を名詞の前に付けると、その名詞の数や量が限定されます。

基本構造に迫る

1 各要素の品詞を確認しましょう。aは不定冠詞、towerは名詞、tallは形容詞、veryは副詞です。名詞を中心に考えてみましょう。まず、名詞towerの前に冠詞aを置いてa towerとします。形容詞は冠詞・限定詞の後、名詞の前に置くので、a tall towerとします。veryは副詞なので、形容詞tallの前に置きます。すると、a very tall towerという〈冠詞＋副詞＋形容詞＋名詞〉という語順になります。

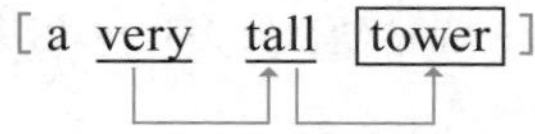

正解 とても高い塔

2 beautifulは形容詞、picturesは名詞、someは数量詞です。数量詞は限定詞の一種なので、〈限定詞＋形容詞＋名詞〉の語順にあてはめてみましょう。すると、someを先頭に置き、その後にbeautifulを続け、最後にpicturesを続けると、次のような名詞句になります。

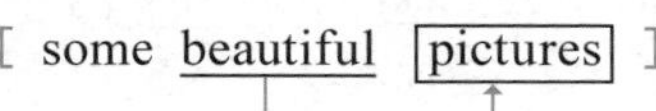

正解 何枚かの美しい絵〔写真〕

音声 Theoria Basic_001.mp3

001 A gold chain was glittering under his open black sport shirt.

*glitter 動 きらきら光る

この文に含まれる名詞句を［　］でくくり、全体を日本語に直しましょう。

まず、この文に含まれる名詞を確認しておきましょう。最初に chain（鎖、ネックレス）が出てきます。次に sport と shirt が出てきますが、ここでは sport shirt（スポーツシャツ）という形で1つの名詞として扱われています。このように、2語以上で1つの意味を持つ名詞として扱われるものを〈複合名詞〉といいます。

それでは、文頭から見ていきましょう。まず A という冠詞が出てきました。**冠詞が出てきたら「ここから名詞句が始まるな」と考えましょう。**

A の後の gold には、「金」という名詞の意味と「金の、金でできた」という形容詞の意味があります。どちらの意味で使われているかを考えながら読み進めます。

gold の後に名詞の chain が出てきたので、gold は chain を修飾する形容詞で、a gold chain（金のネックレス）という名詞句になっているとわかります。

was glittering（きらきら光っていた）は動詞 glitter を過去進行形にしたもので、文の動詞になっています。文の動詞のことを〈述語動詞〉といいます。

under は「～の下に」という意味の前置詞です。その後に所有格の his があるので、〈限定詞（＋副詞）＋形容詞＋名詞〉という形を予想します。最初に sprot shirt が名詞だと確認しておいたので、his から shirt までが名詞句になっているとわかります。

open には形容詞（開いた）・動詞（開く、～を開ける）・名詞（屋外）の3つの用法がありますが、名詞句の一部になっているので、形容詞だとわかります。

black には形容詞（黒色の）と名詞（黒）の用法がありますが、後に sport shirt という名詞が続いているので、形容詞だとわかります。ここで、open と black という2つの形容詞が名詞の sport shirt を修飾している形になっているとわかります。open は「開いた」という意味ですが、ここでは「胸元が開いたシャツ」ととらえておきましょう。

構造 [A gold chain] was glittering <under [his open black sport shirt]>.

訳 金のネックレスが、彼の胸元が開いた黒いスポーツシャツの下できらきら光っていた。

002 Look at my very cute sleeping baby!

この文に含まれる名詞句を［　］でくくり、全体を日本語に直しましょう。

- 動詞 Look は後ろの前置詞 at といっしょになって「～を見る」という意味になります。ここでは主語がなく、動詞の原形から始まっているので、命令文で「～しなさい」という意味になります。〈前置詞＋名詞句〉の構造を頭に浮かべながら読み進めましょう。

- my は所有格なので、名詞句が始まる目印になります。文を最後まで見ると、baby という名詞があるので、my から baby までが名詞句になっているとわかります。英文を「かたまりごとに読む」という習慣を身につけるためには、このように my を見た時に baby という名詞までがひとかたまりだと判断できるようになることが大切です。

- very は「とても」という意味の副詞です。副詞は形容詞を修飾　するので、後に形容詞が続いていると予測しながら読み進めます。

- cute は「かわいい」という意味の形容詞です。予測どおり形容詞が出てきました。

- cute の後には sleeping baby が続いています。ここで大切なのは sleeping です。001 では was glittering という〈be 動詞＋ *doing*〉の進行形が出てきましたが、ここでは be 動詞がないので、現在分詞が形容詞のように前から名詞を修飾しているとわかります。「私のとてもかわいい眠っている赤ちゃん」という意味になります。

ちなみに　*doing* は現在分詞以外に動名詞にもなりますが、その見分け方は第23課で学びます。

さらに　**形容詞のように使われる現在分詞・過去分詞**

動詞の現在分詞と過去分詞は、形容詞と同じように、名詞を前から修飾する要素として使われることがあります。その場合、次のような意味を表します。

①**現在分詞**：修飾する名詞の〈動作〉や〈状態〉を表し、「～している」を意味します。002 では、「眠っている赤ちゃん」のように，赤ちゃんが眠っている様子を説明しています。

②**過去分詞**：修飾する名詞の〈完了〉や〈受動〉を表し、「～した」「～された」を意味します。たとえば、fallen leaves の fallen は、葉が「落ちた」という〈完了〉の意味を表します。

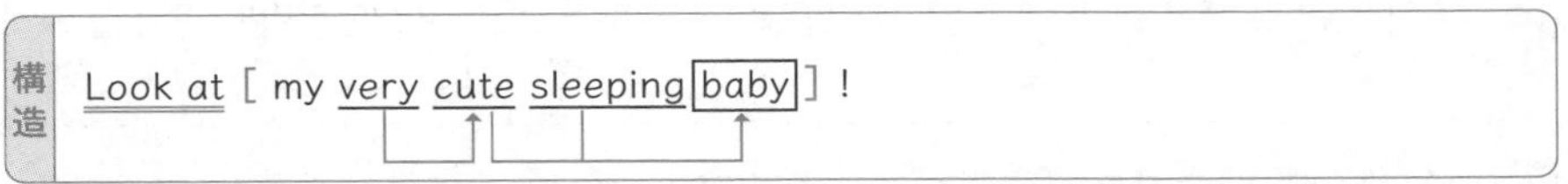

構造
Look at [my very cute sleeping baby] !

訳 私のとてもかわいい眠っている赤ちゃんを見て！

003 Some successful street stalls have become five-star restaurants.

*successful 形 うまくいった、成功した　stall 名 屋台

この文に含まれる名詞句を［　］でくくり、全体を日本語に直しましょう。

- 最初に数量詞 Some が出てきました。数量詞は限定詞の一種なので、ここから名詞句が始まると考えて読み進めましょう。

- Some の後の successful street は〈形容詞＋名詞〉の名詞句になっています。「成功した通り」という意味になりますが、これだとちょっと変な感じがしますね。そこで、まだ名詞句が終わっていないのかもしれないと考えながら読み進めます。

- street の後に stalls という名詞が出てきました。street と stall という2つの名詞が続いているので、street stalls は複合名詞として考えます。stalls を動詞と考えないように注意しましょう。

- stall は「屋台」という意味なので、street stalls は「通りに出ている屋台」という意味になりますが、屋台が通りに出ているのはふつうなので、くどい感じがしますね。ここでは単に「屋台」ととらえておきましょう。successful street stall で「成功した屋台」という意味になります。

- stalls の後に have become が続いています。〈have ＋過去分詞〉は現在完了で、「～になった」という意味を表します。ここで、Some successful street stalls が名詞句で主語になり、have become が述語動詞だとわかります。

- five-star restaurants は、five と star がハイフン（ - ）でつながれた形容詞で、「5つ星の、最高級の」という意味です。形容詞の five-star が restaurants という名詞を前から修飾していて、「最高級のレストラン」という意味になります。「最高級のレストラン」になったのは「いくつかの成功した屋台」なので、複数形になっていることに注意しましょう。

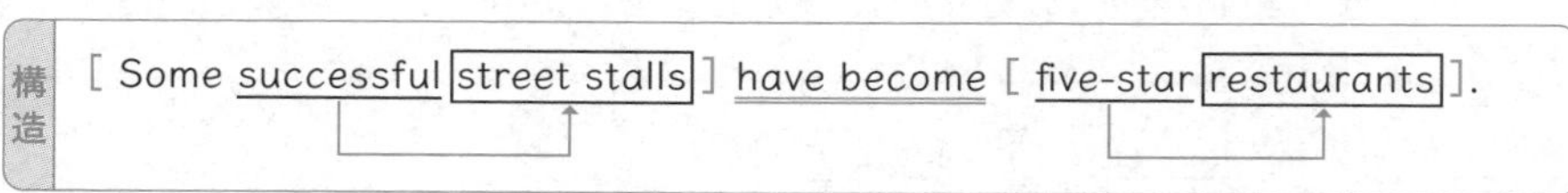
構造
[Some successful street stalls] have become [five-star restaurants].

訳 いくつかの成功した屋台が最高級のレストランになった。

音声 Theoria Basic_004.mp3

004 Few young Japanese people knew much about Beate Sirota Gordon.

*Beate Sirota Gordon 名 ベアテ・シロタ・ゴードン（日本国憲法草案の作成者の1人）

この文に含まれる名詞句を［　］でくくり、全体を日本語に直しましょう。

- 最初に数量詞 Few が出てきました。数量詞は限定詞の一種なので、ここから名詞句が始まると考えて読み進めましょう。

ちなみに 〈few ＋可算名詞の複数形〉は「ほとんど〜がない」という否定的な意味を表しますが、〈a few ＋可算名詞の複数形〉は「少しは〜がある」という肯定的な意味を表します。

- Few の後の young Japanese は〈形容詞＋名詞〉の名詞句になっているように見えます。「若い日本人」という意味だと考えて読み進めると、people という名詞が出てきました。ここで、Japanese は「日本の」という意味の形容詞として使われているのだと読みを修正します。young Japanese people は「若い日本の人々」という意味になり、Few から訳すと「ほとんどの若い日本の人々は〜ない」という意味になります。

- people の後に knew という動詞の過去形が出てきました。ここで、Few から people までが名詞句で主語になり、knew が述語動詞だとわかります。

- knew の後に much が出てきました。much には数量詞（多くの〜）・代名詞（多くのもの）・副詞（とても）の用法があります。ここではどの用法で使われているでしょうか。

- 数量詞の場合は〈much ＋不可算名詞〉の形で使われますが、much の後に前置詞の about が続いているので、代名詞か副詞の可能性を考えます。know は他動詞としても自動詞としても使われますが、ここでは他動詞として使われていて、much は know の目的語になる代名詞として考えます。Much is known by few young Japanese people という受動態を作ることができることからも、much が know の目的語になっていることがわかります。

- 前置詞 about の後には Beate Sirota Gordon という固有名詞が出てきました。about には多くの意味がありますが、ここでは「〜について」という意味で使われています。about Beate Sirota Gordon は代名詞の much を後ろから修飾しています。

構造 [Few young Japanese people] knew [much (about Beate Sirota Gordon)].

訳 ベアテ・シロタ・ゴードンについて多くを知っている若い日本の人々はほとんどいなかった。

03

名詞のかたまりをとらえる (2)

次の語句を並べ替えて意味の通る名詞句を作り、日本語に直しましょう。

1 explaining / a book / manga's history

2 Jeff / a guitarist / named

3 on / notebooks / the shelf / blue

基本構造を知る　名詞を後ろから説明する要素 (1)

第2課では、名詞を前から説明する要素について学びました。ここでは、名詞を後ろから説明する要素について学びます。原則として、**2語以上の意味のかたまりが名詞を修飾する場合、その要素は名詞の後ろに置かれます。**形容詞のように名詞を修飾する意味のかたまりを〈形容詞句〉といいます。名詞を後ろから修飾する要素にはどのようなものがあるか、整理しておきましょう。

①〈名詞＋現在分詞〉

現在分詞が1語で名詞を修飾する場合は、a sleeping baby のように名詞の前に置きますが、**後ろにほかの語句を伴って2語以上で名詞を修飾する場合は名詞の後ろに置きます。**〈名詞＋現在分詞 ...〉の形で「…している〈名詞〉」という意味を表します。

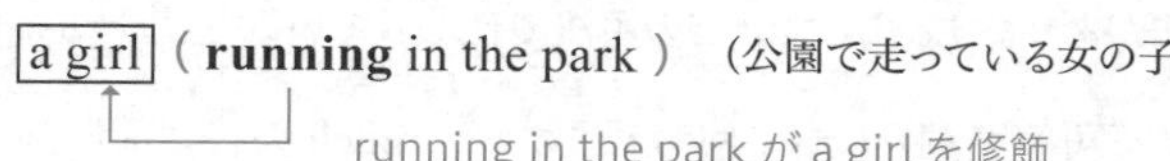
a girl (**running** in the park)　(公園で走っている女の子)
running in the park が a girl を修飾

②〈名詞＋過去分詞〉

過去分詞も現在分詞と同じく、**後ろにほかの語句を伴って2語以上で名詞を修飾する場合は名詞の後ろに置きます。**〈名詞＋過去分詞 ...〉の形で「…された〈名詞〉」という意味を表します。

a book (**written** in Chinese)　(中国語で書かれた本)
written in Chinese が a book を修飾

③〈名詞＋前置詞＋名詞〉

名詞の後ろに〈前置詞＋名詞〉を置いて、前の名詞について説明することができます。

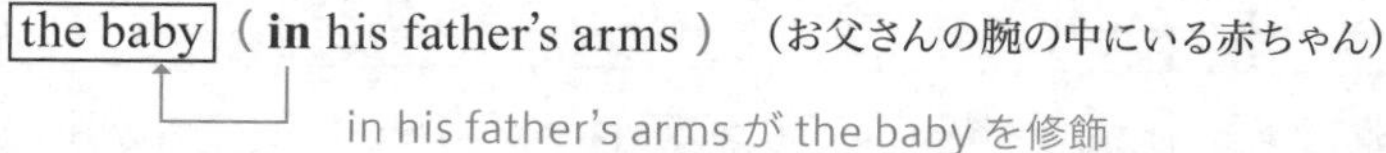
the baby (**in** his father's arms)　(お父さんの腕の中にいる赤ちゃん)
in his father's arms が the baby を修飾

さらに -thing、-one、-body で終わる語を修飾する要素は、something strange（何か変なもの）のように、要素が1語の場合でも原則として後ろに置かれます。

名詞の前後に修飾する要素を伴う場合

第2課でも見たように、**名詞を前から修飾する要素と後ろから修飾する要素がいっしょに現れることもあります。**修飾関係をしっかり把握できるようにしましょう。

the very **tall** girl（**running** in the park）（公園で走っているとても背の高い女の子）

基本構造に迫る

1 a book に関するくわしい情報を述べるために、a book の後に「～を説明している」という意味の現在分詞 explaining を置きます。その後に、explaining の目的語として manga's history を続けると、意味の通る名詞句になります。

a book（**explaining** manga's history）

正解 マンガの歴史を説明している本

2 named は過去分詞で、〈A named 名前〉の形で「〈名前〉と名付けられた A」という名詞句を作ります。ここでは、A に a guitarist が、名前に Jeff が入り、named Jeff「ジェフと名付けられた」→「ジェフという名の」という名詞を修飾する句ができます。name は〈name +人+ A〉で「人を A と呼ぶ」という意味を表しますが、named を過去形の動詞ととらえると、A にあたる要素がないので、過去分詞だとわかります。

a guitarist（**named** Jeff）

正解 ジェフという名のギタリスト

3 まず、名詞 notebooks の前に形容詞 blue を置き、「青いノート」という名詞句を作ります。その後に、前置詞 on に続けて the shelf を置くと、中心となる名詞 notebooks の説明が前と後ろの両方に置かれた名詞句になります。

blue notebooks（**on** the shelf）

正解 棚の上の青いノート

005 A spider sitting in its web waiting for a fly may seem passive.

*passive 形 消極的な

A spider を修飾している要素に下線を引き、この文を日本語に直しましょう。

- A spider という**名詞**の直後に sitting in its web が続いています。sitting の前に be 動詞がないので、進行形ではなく、形容詞としてのはたらきをもつ**現在分詞**と判断します。すると、**sitting in its web が A spider を後ろから修飾**しているとわかります。「自分の巣に座っているクモ」という意味になりますが、sit を辞書で調べてみると「(何もせずに) じっとしている」という意味もあるので、「巣でじっとしているクモ」ととらえておきましょう。

- web の後に be 動詞がない状態で waiting for a fly が出てきました。waiting は**現在分詞**ですが、何を修飾しているか考えてみましょう。

- まずは直前の名詞 its web を修飾していると考えてみます。すると、「ハエを待っているそのクモの巣」となりますが、これだと意味がよくわかりませんね。そこで、sitting という動詞を修飾していると読みを修正します。すると、「ハエを待ちながら巣でじっとしている」という意味になり、意味が通ります。この waiting は動詞を修飾する**副詞のはたらき**をしています。分詞は副詞のはたらきをすることもあることを覚えておきましょう。

- for a fly の後に may seem passive が出てきたところで、A spider から a fly までが**主語になる名詞句**で、may seem が**述語動詞**、**形容詞**の passive が**補語**だとわかります。

さらに　次の文のように、名詞の後に続く2つの分詞が and で結ばれていることがあります。この場合、and で結ばれた2つの分詞をひとまとまりとして考えます。この文では、making and selling ... がひとまとまりの分詞として a business を説明しています。

In 1923, Frank decided to start a business (**making** and **selling** the frozen drinks).

(1923年、フランクはそのフローズン飲料を製造・販売するビジネスを始めることにした)

構造
[A spider (sitting in its web) <waiting for a fly>] may seem passive.

訳 巣でハエを待ちながらじっとしているクモは、消極的に見えるかもしれない。

音声 Theoria Basic_006.mp3

006 *The Origin of Continents and Oceans* is a book written in 1915 by a German scientist, Alfred Wegener.

**The Origin of Continents and Oceans* 名『大陸と海洋の起源』(書名)

Alfred Wegener 名 アルフレッド・ウェゲナー (大陸移動説を提唱したドイツの気象学者)

a book を修飾している要素に下線を引き、この文を日本語に直しましょう。

- *The Origin of Continents and Oceans* は『大陸と海洋の起源』という書名で、文の主語になっています。

ちなみに 書名は大文字で始め、イタリック(斜体)で示されます。また、冠詞・前置詞・接続詞以外の語の先頭の文字は、大文字で書かれます。

- *The Origin of Continents and Oceans* の後の is が述語動詞で、それに続く名詞の a book が補語になっています。
- a book の後の written は、「書かれた」という受け身の意味を表す過去分詞で、a book を後ろから修飾しています。a book written in 1915は「1915年に書かれた本」という意味になります。
- in 1915の後に by a German scientist が続いています。これは written と結びついていて、「1915年にドイツの科学者によって書かれた本」という意味になります。
- a German scientist の後に、コンマ(,)に続けて Alfred Wegener という人名が続いています。このように、2つの名詞がコンマをはさんで続いている場合、2つの名詞はイコールの関係にあります。このようなイコールの関係を〈同格〉といいます。「ドイツの科学者であるアルフレッド・ウェゲナー」という意味になります。〈同格〉については第30課で学びます。

構造

The Origin of Continents and Oceans is [a book (written in 1915 by a German scientist, Alfred Wegener)].

訳 『大陸と海洋の起源』は、1915年にドイツの科学者、アルフレッド・ウェゲナーによって書かれた本です。

(音声) Theoria Basic_007.mp3

007 Swahili serves as a common language in a country with hundreds of different tribal languages.

* Swahili 名 スワヒリ語（アフリカ大陸東部で広く話されている言語）　tribal 形 部族の

a country を修飾している要素に下線を引き、この文を日本語に直しましょう。

- 文頭の名詞 Swahili（スワヒリ語）を主語と考え、その後の serves を述語動詞ととらえます。自動詞の serve は「役立つ、使える」という意味を表し、〈serve as A〉（A として役に立つ）という形で使われます。

- 〈serve as A〉の as は「～として」という意味の前置詞で、A の部分には名詞が入ります。ここでは、A の部分に a common language（共通語）が来ています。

- in a country は〈前置詞＋名詞〉の形で動詞の serves を修飾する副詞のはたらきをしています。ここまでは「スワヒリ語はある国で共通語として使われている」という意味になります。

- a country の後に前置詞 with が来ています。〈名詞＋前置詞＋名詞〉の形を予測して、後に名詞が続くと考えながら読み進めましょう。

- with の後に hundreds of different tribal languages が出てきました。〈hundreds of ＋可算名詞の複数形〉は「数百もの～」という意味です。different（異なった）と tribal（部族の）はともに形容詞で、languages（言語）を修飾しています。

  (ちなみに) 〈different ＋可算名詞の複数形〉は、「種々の、いろいろな、それぞれの」という意味で使われることもあります。

- ここまで読んだところで、with hundreds of different tribal languages が a country を修飾していることがわかります。この with は、「～を持っている」という〈所有・付随〉の意味を表していて、「数百もの異なった部族語を持つ国」という意味になります。

構造

[Swahili] serves <as a common language> <in a country> (with hundreds of different tribal languages).

訳 スワヒリ語は、数百もの異なった部族語を持つ国で共通語として使われている。

008 In 1991, a previously unknown language called Gongduk was discovered in the Himalayas.

* Gongduk 名 ゴンドゥク語（ブータン王国で使用される話者2,000人ほどの言語）
the Himalayas 名 ヒマラヤ山脈

language を修飾している要素に下線を引き、この文を日本語に直しましょう。

- 文頭の In 1991は「1991年に」という意味です。〈前置詞＋名詞〉は主語にならないので、この後に主語になる名詞が出てくると予測しながら読み進めましょう。
- コンマに続いて冠詞 a が出てきました。冠詞が出てきたら、ここから名詞句が始まると考えましょう。
- a の後の previously は「以前に、それまで」という意味の副詞、unknown は「未知の、知られていない」という意味の形容詞です。〈冠詞＋副詞＋形容詞〉という語順になっているので、副詞の previously が形容詞の unknown を修飾していて、この後に unknown が修飾する名詞が続くと予測して読み進めます。
- unknown の後には、予測どおり language という名詞が出てきました。a previously unknown language は「それまで知られていなかった言語」という意味になります。
- language の後に called Gongduk が続いています。called には過去形と過去分詞がありますが、過去形と考えると「それまで知られていなかった言語はゴンドゥク語を呼んだ」となり、意味が通りません。そこで、もう少し視野を広げてみると、後に was discoverd という受動態の形をした動詞が来ているので、この called は過去分詞で、名詞を後ろから修飾しているとわかります。「ゴンドゥク語と呼ばれるそれまで知られていなかった言語」となります。
- ここまで読んだところで、a previously unknown language called Gongduk が主語で、was discovered が述語動詞だとわかります。discovered の後の in the Himalayas は「ヒマラヤ山脈で」という意味です。

構造

<In 1991>, a previously unknown [language] (called Gongduk)
was discovered <in the Himalayas>.

訳 1991年、ヒマラヤ山脈でゴンドゥク語というそれまで知られていなかった言語が発見された。

04 名詞のかたまりをとらえる (3)

次の語句を並べ替えて名詞句を作り、日本語に直しましょう。

1 during the flight / to / read / a magazine

2 can / six languages / speak / a person / who

基本構造を知る　**名詞を後ろから説明する要素 (2)**

名詞を後ろから説明する要素には、前の課で学んだ現在分詞・過去分詞・〈前置詞+名詞〉のほかに、〈to 不定詞〉〈関係代名詞 (+主語) +動詞〉があります。

④〈名詞+ to 不定詞〉

to 不定詞(to *do*) が名詞を後ろから修飾する場合、〈名詞〉と〈to 不定詞の動詞(*do*)〉の関係を考える必要があります。次の例を見てみましょう。

(1) a friend (**to give** me advice)　(私にアドバイスをくれる友人)
a friend gives me advice という〈**主語と動詞**〉の関係

(2) a shirt (**to wear** to school)　(学校に着ていくためのシャツ)
wear a shirt to school という〈**動詞と目的語**〉の関係

(3) the plan (**to build** a new hospital)　(新しい病院を建設するという計画)
to build a new hospital が the plan の内容を説明する〈**同格**〉の関係

〈名詞〉と〈to 不定詞の動詞〉の意味関係に着目すると、(1) は「**その名詞が何をするのか**」という〈**主語と動詞**〉の関係に、(2) は「**その名詞をどうするのか**」という〈**動詞と目的語**〉の関係になっています。また、(3) は「**その名詞がどのようなものであるか**」という、to 不定詞が名詞の具体的な内容を説明する〈**同格**〉の関係になっています。

⑤〈名詞+関係代名詞 (+主語) +動詞〉

名詞の後に〈関係代名詞 (+主語) +動詞〉を続けると、「**〜する〈名詞〉**」などの意味を表します。次の例を見てみましょう。

(1) the journalist (**who** can speak four languages)
who は can speak の主語　(4か国語を話せるジャーナリスト)

(2) the books (**which** I borrowed from the library)　(私が図書館から借りた本)
which は borrowed の目的語

(1) では、who は関係代名詞で始まる意味のかたまりの中で**主語のはたらき**を、(2) では、which が**目的語のはたらき**をしています。

さらに　関係代名詞で始まる意味のかたまりを〈**関係代名詞節**〉、関係代名詞が修飾する名詞を〈**先行詞**〉といいます。関係代名詞については、第19課でくわしく学びます。

名詞句の見取り図

最後に、名詞句の構造について、図にまとめておきます。この図で名詞と修飾要素の関係をしっかりとつかんでおきましょう。

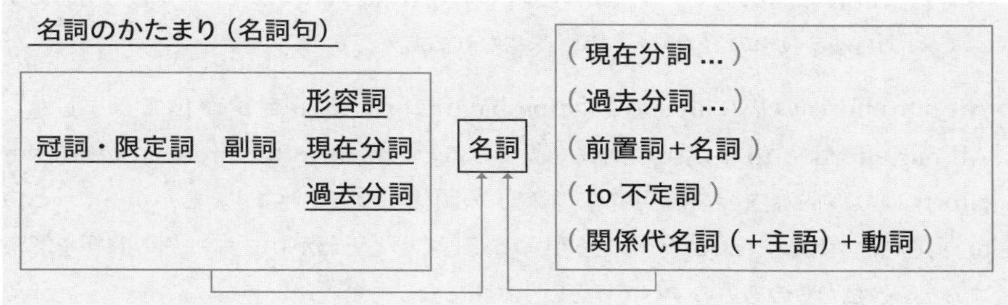

基本構造に迫る

1 名詞 a magazine（雑誌）を中心に考えます。to と動詞 read（～を読む）があるので、to 不定詞が名詞を修飾すると考え、a magazine to read（読むための雑誌）とします。read と a magazine は〈動詞と目的語〉の関係になっています。read の後に during the flight（フライトの最中に）という「いつ」を表す〈前置詞＋名詞〉の副詞句を続けると、a magazine to read during the flight という名詞句になります。

a magazine（ **to read** during the flight ）

a magazine と read は〈動詞と目的語〉の関係

正解　フライトの最中に読む雑誌

2 名詞 a person の後ろに who can speak six languages という関係代名詞で始まる意味のかたまりを続けます。関係代名詞の who は、原則として省略できないので、〈名詞 ＋ who ＋動詞〉の形を見たら、who は関係代名詞だと考えるようにしましょう。

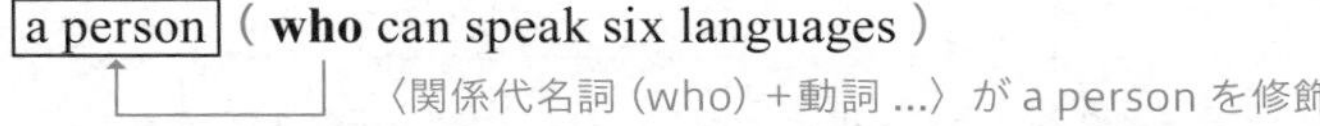

a person（ who can speak six languages ）
〈関係代名詞（who）＋動詞 ...〉が a person を修飾

正解　6か国語を話せる人

◀音声 Theoria Basic_009.mp3

009 All our efforts to solve the problem will be rewarded with success someday.

*be rewarded 動 報われる (reward (～に報いる) の受動態)

All our efforts を修飾する部分に下線を引き、全体を日本語に直しましょう。

◎ 最初に All our efforts という名詞句が出てきました。all は**数量詞**、our は**所有格**です。どちらも**限定詞**の仲間ですが、同時に使う場合は**〈数量詞＋所有格〉**の語順になります。effort は「努力」という意味の**名詞**です。All our efforts で「私たちの努力のすべて」「あらゆる我々の努力」という意味になります。

◎ All our efforts の後に to solve the problem という **to 不定詞**が出てきました。All our efforts と to 不定詞の関係を見てみると、to solve the problem が All our efforts の具体的な内容を説明する**〈同格〉**の関係になっています。したがって、この to 不定詞は **All our efforts を後ろから修飾している**とわかります。「その問題を解決するための私たちの努力のすべて」という意味になります。

◎ will be rewarded という**動詞**が出てきたところで、All から problem までが**主語**で、will be rewarded が**述語動詞**だとわかります。be rewarded (報われる) は**〈be 動詞＋過去分詞〉**の**受動態**の形になっていることに注意しましょう。

◎ with success の with は**前置詞**で、ここでは「～で」という〈手段〉を表しています。〈reward A with B〉「B で A に報いる」の A が主語になった「A は B で報われる」という意味の受動態の文になっています。

◎ 最後の someday は「いつか」という未来の意味を表す**副詞**です。述語動詞が will be rewarded という**〈未来〉**を表す形になっているのは、someday があるからです。

（さらに） someday や now (今)、yesterday (昨日) などの時を表す副詞は、動詞の時制をとらえる上で大切な役割を果たします。これらの副詞が出てきたら、動詞の時制を改めて確認するようにしましょう。

構造

[All our efforts (to solve the problem)] will be rewarded <with success> someday.

訳 その問題を解決するための私たちの努力のすべては、いつか成功で報われるだろう。

010 Adults who are close to children should keep a watchful eye for any changes in their behavior.

*keep a watchful eye for A　A（人・物）に気をつけている

Adults を修飾する要素に下線を引き、全体を日本語に直しましょう。

- 文頭の Adults は複数形で冠詞が付いていません。無冠詞複数形の名詞は、同種のものをひとまとめにして呼ぶ〈総称〉を表します。ここでは、「大人全般」という大きな枠組みでとらえていることがわかります。
- Adults に続いて who が出てきました。名詞の直後に出てくる who は関係代名詞だと考えましょう。who 以下が Adults を後ろから修飾していると考えます。who で始まる意味のかたまりが終わったところで、Adults に対する述語動詞が出てくると予測しながら読み進めます。
- who are close to children should keep まで読んだところで、children までが関係代名詞節で、should keep が主語の Adults に対する述語動詞だと判断できます。
- are close to children の〈be close to ～〉は「～の近くにいる」という意味の表現です。「子供の近くにいる」となりますが、「子供の身近にいる」ととらえておきましょう。
- to の後の children は無冠詞複数形で「子供全般」という〈総称〉を表しています。
- keep a watchful eye for は、watchful（注意深い）という形容詞が名詞の eye を修飾して「注意深い目」となっていますが、ひとかたまりの定型表現としてとらえましょう。keep a watchful eye for ～で「～に気をつけている」という意味になります。
- keep a watchful eye for の前置詞 for の後に any changes という名詞が続いています。any は some と同じ数量詞で、肯定文で使われると「どんな〔いかなる〕ものでも」という意味を表します。any changes で「いかなる変化でも」という意味になります。
- in their behavior は、〈前置詞＋名詞〉の形で「彼らの行動の」という意味を表し、名詞の changes を後ろから修飾しています。

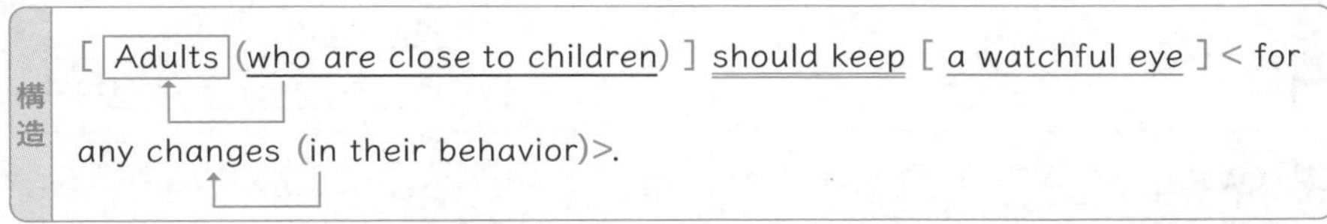
構造
[Adults (who are close to children)] should keep [a watchful eye] < for
any changes (in their behavior)>.

訳 子供の身近にいる大人は、子供の行動のいかなる変化にも気をつけるべきだ。

011 No computer is going to replace a book to be read and loved and kept on a shelf.

*replace 動 ～に取って代わる

a book を修飾する要素に下線を引き、全体を日本語に直しましょう。

- No computer の no は、「まったく～ない」という否定の意味を表す**数量詞**です。「どのコンピューターも～ない」のように、**文全体が否定の意味になります**。
- computer の後に is going to replace という動詞が出てきたところで、No computer が**主語**、is going to replace が**述語動詞**だと判断します。
- is going to replace は「～に取って代わるだろう」という意味です。〈be going to *do*〉は未来を表す表現で、特に**〈予定〉**や**〈確定した未来〉**を明確にしたい時に使います。
- a book は**他動詞 replace の目的語**になっています。ここまでは「どのコンピューターも本に取って代わることはないだろう」という意味になります。
- a book の後に to be read という **to 不定詞**が出てきました。a book と to 不定詞の意味関係を考えると、a book is read (本が読まれる) という受動態の文の関係で、a book は to be read の**主語のはたらき**をしていることがわかります。to be read が**名詞 a book を後ろから修飾**していて、「読まれる (ための) 本」という意味になります。
- a book to be の後に read、loved、kept という**3つの過去分詞が and で結ばれている**ことに注目しましょう。a book to be read and (to be) loved and (to be) kept という**3つの to 不定詞が a book を後ろから修飾している**と考え、「読まれて、愛されて、保管される本」という意味になります。
- kept の後の on a shelf は、**〈前置詞+名詞〉**の形で「棚の上に」という意味を表し、動詞の kept を修飾する**副詞のはたらき**をしています。「棚の上に保管されている」という意味になります。

構造

[No computer] is going to replace [a book (to be read
and loved
and kept <on a shelf>)].

訳 どんなコンピューターも、読まれて、愛されて、棚の上に保管されている本の代わりになることはない。

音声 Theoria Basic_012.mp3

012 Education can raise children to become members of society who are responsible not only for the present but also for the future.

* not only A but also B　A だけでなく B も

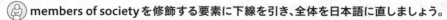

members of societyを修飾する要素に下線を引き、全体を日本語に直しましょう。

- Education can raise children まで読んだところで、Education が主語、can raise が述語動詞、children が目的語と考えます。raise はここでは「～を育てる」という意味で使われていて、「教育は子供を育てることができる」という意味になります。

- children の後に to become members of society という to 不定詞が続いています。become members of society は「社会の一員になる」という意味ですが、この to 不定詞は何を修飾しているのかを考えてみましょう。

- 名詞 children を修飾していると考えると、「社会の一員になる子供」となり、特定の子供だけを育てることになってしまいます。そこで、動詞 raise を修飾する副詞のはたらきをしていると考え、「子供が社会の一員になるように育てる」ととらえましょう。

- who are responsible の who は関係代名詞で、who 以下が members of society を後ろから修飾していると考えて読み進めます。

- 形容詞 responsible は〈responsible for ～〉(～に責任がある) という形で用いられます。これを知っていれば、responsible の後に for が出てくると予測できます。

- responsible not only for the present と読んだところで、not only の後に for が来ていることに気づきます。ここで〈not only A but also B〉という表現を思い出しましょう。A と B には文法的に同じ要素が入ることを知っていれば、「not only for the present の後には but also が続いて、さらにその後には for ～が来るな」と予測できます。

- but also の後に予測どおり for the future が出てきました。not only for the present but also for the future で「現在だけでなく未来に対しても」という意味になります。

構造

[Education] can raise children <to become members of society (who are responsible not only for the present but also for the future)>.

訳 教育は、子供が現在だけでなく未来に対しても責任がある社会の一員になるように育てることができる。

05

主語になる要素をとらえる (1)

次の文の主語を□で囲み、述語動詞に___を引き、日本語に直しましょう。

1 The old man told the story to us.
2 The old man telling the truth was crying in tears.
3 The old man told the story cried.

基本構造を知る　長い名詞句が主語になる場合

文の中で、「誰が」「何が」にあたる要素を〈主語〉といいます。主語になるのは〈名詞〉です。ここで、文の構成要素と品詞の関係を改めて確認しておきましょう。

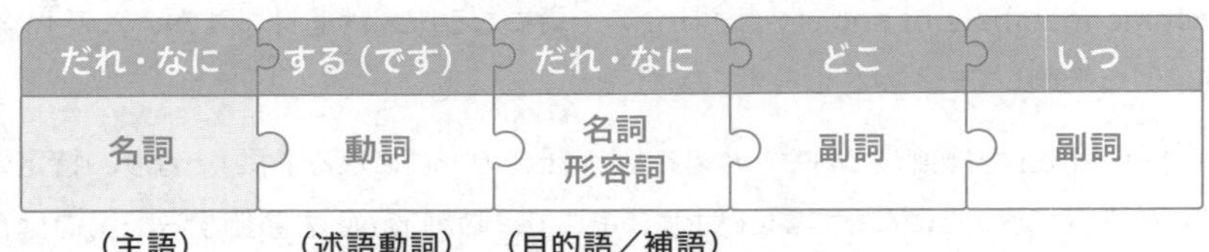

※〈意味順〉では、主語にあたるボックスは「だれが」となっていますが、実際には人以外のものが主語になることもあるので、本書では「だれ・なに」と表記することにします。

英文は〈主語＋動詞〉で始まりますが、主語になる名詞の前後にさまざまな要素が付いて長くなると、主語に対する動詞がなかなか出てこないので、主語と動詞がとらえにくくなってしまいます。ここでは、長い名詞句が主語の文のとらえ方を練習していきましょう。

名詞の後ろに過去分詞が続く場合に注意

まず、第4課で学んだ名詞句の見取り図を改めて確認しておきましょう。

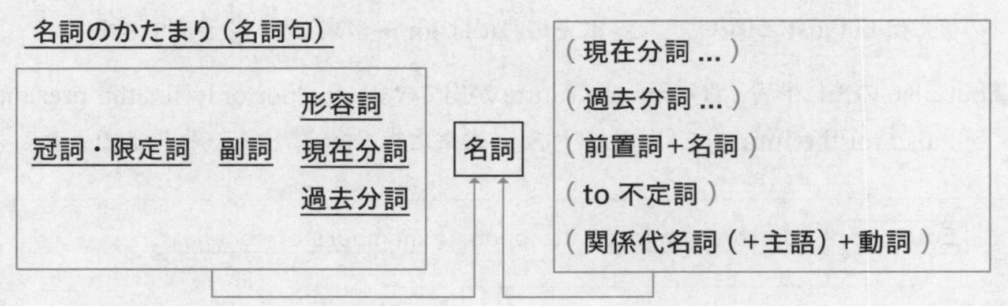

特に、名詞を後ろから修飾する要素は、長くなることが多いので、どこまでが名詞句かを判断する時に注意が必要です。その中でも、〈主語＋動詞〉をとらえる上で、特に間違え

やすいのは、名詞の後に過去分詞が続いている場合です。動詞には tell-told-told のように過去形と過去分詞が同じかたちのものがあるので、判断に迷うことがあります。そのような場合は、後に続く要素で過去形か過去分詞かを判断する必要があります。

基本構造に迫る

1 The old man told まで見たところで、The old man が主語、told が述語動詞と考えて読み進めると、the story が来て、to us という〈前置詞＋名詞〉で文が終わっているので、予測どおり told は動詞の過去形で、the story が told の目的語になっているとわかります。

The old man told the story <to us>.

正解 老人はその話を私たちに聞かせてくれた。

2 The old man telling まで見たところで、telling が現在分詞であることに注目しましょう。現在分詞は〈be 動詞＋現在分詞〉で〈進行形〉を作りますが、ここでは be 動詞がありません。そこで、現在分詞が名詞を後ろから修飾していると考えてみます。すると、the truth の後に was crying という動詞が出てきます。そこで、the truth までが〈名詞＋現在分詞〉の形をした名詞句で、was crying が述語動詞だとわかります。cry in tears は「涙を流して泣く」という意味です。

The old man (**telling** the truth) was crying <in tears>.

現在分詞

正解 真実を語っている老人は涙を流して泣いていた。

3 The old man told the story まで見たところで、The old man が主語、told が述語動詞と考えて読み進めると、cried という動詞が出てきました。cried は〈人〉のような生物を主語にとる動詞なので、told を述語動詞として読むと、この cried に対応する主語がないことになります。そこで、told は過去分詞で、名詞を後ろから修飾していると考えると、この文の述語動詞は cried で、「その物語を聞かされた老人は泣いた」という意味になるとわかります。

The old man (**told** the story) cried.

過去分詞

正解 その物語を聞かされた老人は泣いた。

(音声) Theoria Basic_013.mp3

013 The ecology of plants brought back to us the full wonder of nature.

*ecology 名 生態、生態系　bring back A to B　A を B (人) に思い出させる
wonder 名 驚異

この文の主語を□で囲み、述語動詞に＿を引いてから、日本語に直しましょう。

- The ecology の後に of plants が続いています。名詞の後に〈of 名詞〉が出てきたら、〈A of B〉で1つの名詞としてとらえます。「植物の生態」という意味になります。

- plants までが名詞句だとわかったので、ここまでが主語で、次に述語動詞が出てくることを予測します。すると、brought back が出てきました。これが〈bring back A〉の過去形と過去分詞のどちらなのかを考えましょう。まずは過去形と考えて読み進め、それがうまくいかなかったら過去分詞として考えることにします。bring back にはいくつかの意味があるので、辞書で確認してみましょう。

- brought back の後には目的語が続きますが、ここでは to us が来ています。辞書を調べた時に、〈bring back A to B〉で「A を B (人) に思い出させる」という意味があることを確認できたと思います。A が長いため〈bring back to B A〉という語順になっている可能性を考え、to us の後に目的語になる名詞句が出てくることを予測します。

- to us の後に the full wonder of nature という名詞句が出てきたところで、the full wonder of nature が bring back の目的語だとわかります。本来は〈brought back A to us〉という語順になるところが、A が the full wonder of nature と長いため、読みやすくするために文末に移動させた形になっています。

(ちなみに) 動詞の目的語は、ふつう動詞の直後に置かれますが、この文のように、目的語が長くて情報が多い場合には、読みやすくするために文末に移動させることがあります。このような工夫を〈文末重点〉といいます。

- the full wonder of nature は、文頭の The ecology of plants と同じく〈A of B〉の形になっていることを確認しておきましょう。「自然の驚異のすべて」という意味になります。brought を過去分詞と考えると、述語動詞がなくなってしまうので、やはり過去形で、主語の The ecology of plants に対する述語動詞になっているのだとわかります。

構造 [The ecology of plants] brought back <to us> the full wonder of nature.

訳 植物の生態は、自然の驚異のすべてを私たちに思い出させてくれた。

014 Water brought to the surface in the process of using geothermal energy is always returned to the underground pools.

* surface 名 表面　geothermal energy 名 地熱エネルギー　underground 形 地下の

この文の主語を□で囲み、述語動詞に＿を引いてから、日本語に直しましょう。

- Water brought to the surfaceまで見たところで、broughtが過去形なのか過去分詞なのかを考えます。013と同じように、まずは過去形と考えて読み進めてみましょう。

- bringは〈bring A to B〉の形で「AをBに持ってくる」という意味を表します。ここでは、broughtの直後にAにあたる名詞がなく、to the surfaceが続いています。Aが長いためにto Bの後に移動した可能性もあるので、後ろを見てみましょう。すると、in ... energyという前置詞句があり、さらにisという動詞が続いているので、語順の入れ替わりはなさそうです。そこで、broughtは過去分詞で、Waterを後ろから修飾していると読みを修正します。「地表に持ってこられた水」という意味になります。

- surfaceの後にin the process of A（Aの過程で）が続いています。〈前置詞＋名詞〉には、直前の名詞を修飾する形容詞のはたらきと、動詞を修飾する副詞のはたらきがありますが、ここでは、broughtを修飾する副詞のはたらきをしていると考えます。

- the process of using geothermal energyのusingは、前置詞ofの後に来ているので、動名詞だと考えます。すると、〈A of B〉の形になっているので、1つの名詞としてとらえましょう。「地熱エネルギーを利用する過程」という意味になります。

- geothermal energyの後にis always returnedが出てきたところで、Waterからgeothermal energyまでが主語で、is always returnedが述語動詞だとわかります。

- is always returnedを見たところで、「どこに戻されるのかな？」と考えながら読み進めると、to the underground poolsという〈前置詞＋名詞〉が出てきて、「地下の貯水池」に戻されるのだとわかります。この〈前置詞＋名詞〉はis returnedを修飾しています。

構造

[Water] (brought to the surface <in the process of using geothermal energy>)

is always returned <to the underground pools>.

訳 地熱エネルギーを利用する過程で地表に持ってこられた水は、常に地下の貯水池に戻される。

（音声）Theoria Basic_015.mp3

015 A scheme offering free breakfasts to primary school children in Blackpool, UK, has improved their health and punctuality.

＊scheme 名 事業　Blackpool 名 ブラックプール（英国北西部にある都市）
punctuality 名 時間を守ること

この文の主語を□で囲み、述語動詞に＿を引いてから、日本語に直しましょう。

A scheme offering free breakfasts まで見たところで、offering は〈前置詞＋動名詞〉や〈be 動詞＋ *doing*〉ではなく〈名詞 + *doing*〉の形になっていることに注目します。offering は現在分詞で、A scheme を後ろから修飾していると考えて読み進めます。

offer は〈offer A to B〉（A を B に提供する）という形で使われることを知っていれば、offering free breakfasts の後に「だれに提供するか」を表す〈to B〉が続くと予測できます。すると、予測どおり to primary school children が出てきました。ここまでは「小学生に無料の朝食を提供する事業」という意味になります。

in Blackpool, UK は〈前置詞＋名詞〉の形になっていて、直前の primary school children を修飾しています。「英国のブラックプールの小学生」という意味になります。

（ちなみに）地名を言う場合、日本語では「英国のブラックプールの」のように大きい場所から順に示しますが、英語では in Blackpool, UK のように、〈地名、都市名、国名〉と小さい場所から順に示すのがふつうです。

in Blackpool, UK, の後に has improved が出てきたところで、A scheme から UK までが主語で、has improved が述語動詞だとわかります。

improve には他動詞と自動詞の用法がありますが、後に their health and punctuality という名詞が続いているので、ここでは他動詞として使われているとわかります。「彼らの健康や時間を守ることを向上させている」という意味になります。improve はよく使われる動詞なので、自動詞・他動詞の意味の違いを辞書の例文を通じて確認しておきましょう。

構造
[A scheme] (offering free breakfasts to primary school children (in Blackpool, UK,)) has improved their health and punctuality.

訳 英国のブラックプールの小学生に朝食を無料で提供する事業が、彼らの健康や時間を守ることを向上させている。

016 The idea that learning to speak two languages is good for your brain has become widely accepted.

この文の主語を□で囲み、述語動詞に＿を引いてから、日本語に直しましょう。

- The idea の後に that が出てきました。that には接続詞・関係代名詞などのはたらきがありますが、the idea that と続く場合は**接続詞**で、後には名詞の具体的な内容を説明する文が続くと覚えておくと、たいていの文は対応できます。

さらに　名詞の後に置かれ、名詞の具体的な内容を説明する that で始まる文を**〈同格の that 節〉**といいます。同格の that 節は名詞のはたらきをしていて、名詞とイコールの関係にあります。

- that の後に〈主語＋動詞〉が来ると予測しながら読み進めると、learning to speak two languages が出てきました。この learning は**動名詞**です。〈learn to *do*〉は「～できるようになる」という意味なので、「2つの言語を話せるようになること」となります。ここで、動名詞句として意味のまとまりができたので、主語になる可能性を考え、次に動詞が出てくるなという予測を立てましょう。

- two languages の後に is good for your brain が出てきたところで、learning to speak two languages が that で始まる文の**主語**、is が**動詞**、good が**補語**だと判断できます。動名詞が主語になる場合については，第6課でくわしく学びます。

- is good for your brain の後に has become という動詞が出てきました。ここで、that で始まる文は your brain までで、The idea から your brain までがこの文の**主語**、has become が**述語動詞**だとわかります。〈名詞 that SV〉の後ろに現在・過去などの時制を持った動詞が出てきたら、名詞を受ける動詞と考えて読みましょう。

- has become widely accepted は、「広く受け入れられている」という意味です。〈have＋過去分詞〉の**現在完了**になっていることから、その内容が「今でも有効である」ことがわかります。become accepted は受動態になっていることにも注意しましょう。

構造

The idea [that learning to speak two languages is good <for your brain>]

has become widely accepted.

訳 2つの言語を話せるようになることが脳によいという考え方は、広く受け入れられている。

06

主語になる要素をとらえる（2）

次の文の主語を［　］で囲み、述語動詞に＿＿を引き、日本語に直しましょう。

1 To my knowledge, Ms. White is reliable.
2 To study English is important for you.
3 Sleeping well is good for your health.

基本構造を知る　to 不定詞・動名詞が主語になる場合

主語になるのは名詞で、ふつう〈前置詞＋名詞〉や動詞は主語にはなれません。しかし、toで始まる句や動詞のing形が主語になることもあります。それはどのような場合でしょうか。例を見ながら確認していきましょう。

〈to＋動詞の原形〉が主語になる場合（to 不定詞）

〈to＋名詞〉や〈to＋動詞のing形〉は前置詞句で、形容詞や副詞のはたらきをします。toを使う形には、このほかに〈to＋動詞の原形〉の形で用いる〈to 不定詞〉があります。to不定詞には、「〜すること」という意味を表す〈名詞用法〉、「〜するための」という意味を表す〈形容詞用法〉、「〜するために」という意味を表す〈副詞用法〉がありますが、このうち主語になることができるのは〈名詞用法〉です。次の文を見てみましょう。

［**To read** this book］ is difficult for me.　（この本を読むことは私には難しい）

この文では、文頭にTo read this bookという〈to＋動詞の原形〉が来て、その後に動詞のisが続いています。述語動詞のisに対する主語の位置にTo read this bookが来ているので、このto不定詞は名詞用法だとわかります。このように、to不定詞の用法を考える時は「文の中のどこで使われているか」に注意するようにしましょう。

〈動詞のing形〉が主語になる場合（動名詞）

動詞のing形は、〈be動詞＋ing形〉の形で進行形を作ったり、形容詞のように名詞を修飾したり、副詞のように文全体を修飾したりする〈現在分詞〉のはたらきのほかに、「〜すること」という名詞の意味を表す〈動名詞〉のはたらきがあります。動詞のing形が主語になるのは、名詞のはたらきをする〈動名詞〉の時です。次の文を見てみましょう。

［**Playing** the guitar］ is my hobby.　（ギターをひくのが私の趣味だ）

この文では、文頭にPlaying the guitarという動詞のing形で始まる句が来て、その後に動詞の is が続いています。述語動詞の is に対する主語の位置に Playing the guitar が来ているので、この動詞の ing 形は動名詞だとわかります。**主語の位置に動詞の ing 形が来ていたら動名詞だと考える**ようにしましょう。

基本構造に迫る

1 この文は To my knowledge という〈**to +名詞句**〉の形で始まっています。原則として〈**前置詞+名詞**〉**は主語にならない**ので、この部分は修飾語句と考えて読み進めます。すると、Ms. White（ホワイトさん）という名詞が来て、その後に is という動詞が続いているので、主語は Ms. White、述語動詞は is だとわかります。To my knowledge は「私の知る限り」という意味で、文全体を修飾する**副詞のはたらき**をしています。

<To my knowledge>, Ms. White is reliable.

正解 私の知る限り、ホワイトさんは信頼できます。

2 この文では、文頭に To study English という〈**to +動詞の原形**〉が来ています。〈to +動詞の原形〉は **to 不定詞**でしたね。to 不定詞のどの用法で使われているかを考えながら読み進めると、後に動詞の is が出てきました。To study English は述語動詞の is の主語の位置に来ているので、**名詞用法**で主語になっているとわかります。

To study English is important <for you>.

（ちなみに）To study English John Manjiro went to the States.（英語を学ぶためにジョン万次郎は合衆国に行った）のように、文頭に to 不定詞があっても文の主語にならないことがあります。to 不定詞で文が始まる場合の見分け方については、第21課で学びます。

正解 英語を学ぶことはあなたにとって重要だ。

3 この文では、文頭に Sleeping well という〈**動詞の ing 形**〉**で始まる句**が来て、その後に動詞の is が続いています。述語動詞の is に対する主語の位置に Sleeping well が来ているので、この動詞の ing 形は**動名詞**だとわかります。

Sleeping well is good <for your health>.

正解 よく寝ることは健康によい。

（音声）Theoria Basic_017.mp3

017 To acquire trust in a relationship is one of the most enriching aspects of life.

* acquire 動 ～を獲得する　trust 名 信頼　enrich 動 ～を豊かにする
aspect 名 側面

この文の主語を□で囲み、述語動詞に＿を引いてから、日本語に直しましょう。

- To acquire trustまで読んだところで、文が**to 不定詞**で始まっていることに気づきます。**文頭に置かれた to 不定詞は、〈名詞用法〉または〈副詞用法〉のどちらかになります**。acquire は他動詞で、後に目的語が必要なので、trust は名詞で、acquire の目的語になっているとわかります。to acquire を主語、trust を動詞としてしまわないよう注意しましょう。**to 不定詞が主語になる場合、3人称単数として扱われる**ので、もし to acquire が主語だとしたら、trusts のように3単現の -s を付ける必要があります。

- trust の後の in a relationship は、**〈前置詞＋名詞〉**の形で acquire trust を修飾する**副詞のはたらき**をしていると考えましょう。in は、ここでは「～について」「～の点では」という意味で使われていて、「人間関係において信頼を獲得する」となります。

- relationship の後に is という**動詞**が出てきました。ここで、To acquire から relationship が to 不定詞で、is の**主語**になっていると判断できます。

- one of the most enriching aspects の〈one of the ＋複数名詞〉は、「～のうちの1人〔1つ〕」という意味を表します。

- the most enriching aspects の the most は、「最も～」の意味を表し、後に続く形容詞が最上級の意味を持つことを表します。そこで、the most の後ろに〈形容詞＋名詞〉が来ることを予測します。すると、「～を豊かにする」という意味の動詞 enrich の**現在分詞** enriching が**形容詞**としてはたらき、**名詞**の aspects を修飾している〈形容詞＋名詞〉の形になっているとわかります。

- aspects of ～は「～の側面」という意味を表します。the most enriching aspects of life で「人生の最も豊かな側面」という意味になります。

構造	[To acquire trust <in a relationship>] is one of the most enriching aspects of life.

訳 人間関係において信頼を獲得することは、人生の最も豊かな側面の1つである。

018 To a greater or lesser extent, people are consumers of a commercialized culture.

＊extent 名 程度　consumer 名 消費者　commercialize 動 ～を商業化する

この文の主語を□で囲み、述語動詞に＿を引いてから、日本語に直しましょう。

- 文頭が To a greater or lesser extent となっています。To の直後に a ... extent という名詞句が来ているので、この To は前置詞だとわかります。〈前置詞＋名詞〉は主語にならないので、「主語はこれから出てくるはずだ」と考えて読み進めましょう。to a greater or lesser extent は「多かれ少なかれ」という意味で、文全体を修飾する副詞のはたらきをしています。extent の後にコンマがあるので、次に主語が来るかもしれないと予測します。

ちなみに　to a greater or lesser extent や to my knowledge（→ p.43）のように、文全体を修飾する副詞のはたらきをする〈to＋抽象名詞〉には、次のようなものがあります。これらの表現は、しばしば文頭で用いますが、文末などに現れることもあります。

□ to one's surprise「驚いたことに」　□ to the contrary「それと反対に」
□ to the best of one's knowledge「～が知っている限りでは」
□ to the degree that S + V「S が V するという程度まで」
□ to the disappointment of A「A ががっかりしたことには」
□ to the extent possible「できる限り」

- people are が出てきたところで、people が主語、are が述語動詞だと判断します。

- consumers of a commercialized culture は、主語の people がどのような人かを述べる補語になっています。consumers は「消費者」という意味の名詞で、後に〈of＋名詞〉を続けて「～の消費者」という意味を表します。

- a commercialized culture の commercialized は、過去形か過去分詞か迷わないようにしましょう。不定冠詞の a の後には過去形の動詞を置くことができません。したがって、この commercialized は過去分詞で、culture を前から修飾する形容詞のはたらきをしています。「商業化された文化」という意味になります。

構造　<To a greater or lesser extent>, [people] <u>are</u> consumers of a commercialized culture.

訳　多かれ少なかれ、人々は商業化された文化の消費者である。

音声 Theoria Basic_019.mp3

019 Using the wind to produce energy does not cause pollution or damage the environment.

この文の主語を□で囲み、述語動詞に＿を引いてから、日本語に直しましょう。

- Using the wind という**動詞の ing 形**から英文が始まっています。ここでは、この ing 形が動名詞なのか現在分詞なのかは判断できないので、後に続く要素に注目しながら読み進めましょう。ここまでは「風を使う」という意味になります。「風を何に使うのかな?」と考えながら読み進めましょう。

- Using the wind の後に to produce energy という **to 不定詞**が続いています。この to 不定詞を the wind という名詞を修飾する〈形容詞用法〉と考えると、「エネルギーを作り出す風」という意味になり、風に種類があって、その中にエネルギーを作る風があるという意味になってしまいます。したがって、Using the wind という動詞を修飾する**〈副詞用法〉**で使われていて、何のために風を使うのかという**〈目的〉**を表していると考えましょう。「エネルギーを生み出すために風を使う」という意味になります。use (～を使う) という動詞を含む文では、「どんな目的で使うのか」を表すために to 不定詞が使われることがよくあります。

- to produce energy の後に does not cause pollution という**〈動詞+目的語〉**が出てきました。ここで、Using the wind to produce energy が**主語**で、Using は**動名詞**だったとわかります。ここまでは「エネルギーを生み出すために風を使うことは公害を引き起こさない」という意味になります。

- cause pollution の後に、or に続いて damage the environment が出てきました。or は**等位接続詞**で、**文法的に等しい要素を結びます**。ここでは、cause pollution と damage the environment という2つの動詞を結んでいます。「公害を引き起こしたり環境に悪影響を与えたりしない」という意味になります。

構造

Using the wind <to produce energy> does not ┌ cause pollution
　　or
└ damage the environment.

訳 エネルギーを生み出すために風を使うことは、公害を引き起こしたり環境に悪影響を与えたりすることはない。

020 To acknowledge the giftedness of life is to recognize that our talents and powers are not wholly our own doing.

* acknowledge 動 ～を認める　giftedness 名 天賦の才　talent 名 才能

この文の主語を□で囲み、述語動詞に＿＿を引いてから、日本語に直しましょう。

- To acknowledge という **to 不定詞**から文が始まっています。前に名詞がないので、この to 不定詞は形容詞用法ではないとわかりますが、名詞用法か副詞用法かはまだ判断できません。後に続く要素に注目しながら読み進めます。

- acknowledge は「～を認める」という意味の**他動詞**です。the giftedness of life は〈**A of B**〉の形になっているので、１つの名詞として考えます。acknowledge the giftedness of life は「人生の天賦の才を認める」という意味になりますが、「天賦の才の存在を認める」のようにとらえておくとよいでしょう。

- the giftedness of life のあとに is という動詞が出てきました。ここで、文頭の to 不定詞は**名詞用法**で、**述語動詞** is に対する**主語**になっていると判断します。

- is の後に to recognize という **to 不定詞**が出てきました。is の**補語になるのは名詞か形容詞**ですが、to 不定詞の形容詞用法は原則として〈名詞＋ to 不定詞〉の形で用いるので、この to recognize は**名詞用法**だとわかります。

- recognize は後に〈that S + V〉を続けて「～ということを認識する」という意味を表します。recognize の後に that が出てきたところで、後に〈主語＋動詞〉が続くことを予測して読み進めます。

- that の後に予測どおり our talents and powers are not wholly our own doing という〈**主語＋動詞**〉が出てきました。wholly は「完全に」という**副詞**で、否定語が付くと「完全に～というわけではない」という**部分否定**の意味を表します。our own doing の doing は**名詞**で、「行為」という意味です。that 以下は「私たちの才能や能力は完全に私たち自身の行為というわけではない」という意味になります。

構造 [To acknowledge the giftedness of life] is [to recognize [that our talents and powers are not wholly our own doing]].

訳 天賦の才の存在を認めることは、私たちの才能や能力は完全に私たち自身の行為というわけではないと認識することだ。

主語になる要素をとらえる（3）

Itのはたらきに注意して次の文を日本語に直しましょう。

1 It was Sunday yesterday.

2 It is important to study English every day.

基本構造を知る　**it が主語の場合**

ここまで名詞が文の主語になる文について確認してきましたが、名詞以外に、I、you、he、she、it などの代名詞も文の主語になることができます。代名詞の中でも、特に it が主語になる場合は、その役割に注意する必要があるので、ここで理解を深めましょう。

it が主語になる場合

it が主語になる場合、前に出てきた具体的なものや事柄を指す以外に、次のようなはたらきをします。

① 時・天候・距離などを表す文の主語

it は、時（曜日・日時・時刻・季節）・天候・距離などを表す文の主語として用いることができます。この it は特に明確な意味をもたず、主語の位置を埋めるために形式的に置かれているものなので、「それ」などと訳す必要はありません。

It is three now.　（今は3時です）　［時］
It is raining now.　（今、雨が降っています）　［天候］
It is 500 meters from here to the station.　（ここから駅まで500メートルです）　［距離］

ちなみに　この it は、言語学では非人称の it と呼ばれますが、ここでは便宜的に周囲の状況をばくぜんと指しているととらえておくとよいでしょう。自分の身の回りの状況や今いる場所について、「今いる状況〔場所〕の時間〔天候〕は～なんですよ」と述べていると考えてもよいでしょう。

② 形式主語

to 不定詞が主語になる場合、主語が長くなることを避けるために、主語の位置に it を置いて、to 不定詞を文の最後に移動させることがあります。この時、主語の位置に置く it のことを形式主語、文の最後に回した to 不定詞のことを真主語といいます。日本語に直す時は、真主語である to 不定詞の部分を主語にして訳すとよいでしょう。

It is important **to get** exercise regularly.（定期的に体を動かすことは大切です）

形式主語　　　　真主語

主語の it がどのはたらきをしているかは、前後の要素や文脈で決まります。主語の位置に it が出てきたら、機械的に「それは」と訳すのではなく、前後の要素や文脈をしっかりと確認して、どの用法で使われているかをとらえるようにしましょう。

基本構造に迫る

1 It was Sunday まで読んだところで、Sunday という曜日が出てきたので、この it は**曜日を表す文の主語**として用いられていることがわかります。この it は特に明確な意味をもたないので、「それ」などと訳す必要はありません。

It was Sunday <yesterday>.

（ちなみに） it を用いずに Yesterday was Sunday ということもできますが、その場合は「昨日は月曜日でも火曜日でもなく、日曜日だったよ」のようなニュアンスになります。

正解 昨日は日曜日でした。

2 It is important まで読み、「それは大切だ」ととらえた時に、「何が大切なの？」と思いますよね。そこで、後に大切なことが出てくると考えながら読み進めると、to study English every day が出てきて、「ああ、英語を毎日勉強することが大切なんだ」とわかります。この it は形式主語で、真主語の to study English every day が長いので文の最後に移動させた代わりに、主語の位置に置かれています。

It is important [to study English every day].

形式主語　　　　真主語

（ちなみに） このように、長くて情報量が多い要素を文末に移動させることを〈文末重点〉といいます。p.38でも学んだように、文末重点は文を読みやすくするための工夫です。

正解 英語を毎日勉強することは大切です。

021 It was July, and Rome was very hot; but my room was cool because of the house built of stone.

It のはたらきに注意してこの文を日本語に直しましょう。

- 最初に It was July と出てきます。この It は**時を表す文の主語**です。時や天候を表す it で始まる文は、**場面を設定するはたらき**をします。「7月に何かが起きたのかな？」と考えながら読み進めます。

- and の後の Rome was very hot は「ローマはとても暑かった」という意味です。前の文で場面が「7月」だと明かされているので、「7月は夏だから、ローマも暑かったのか」とわかりますね。

- hot の後に**セミコロン（;）**が出てきました。ここでは、セミコロンは前後の文の**〈対比〉**を明確にするために使われています。ここでいったん区切って読むとよいでしょう。

- セミコロンの後の but は**接続詞**で、「しかし」という**〈逆接〉**の意味を表します。「ローマは暑かった」への逆接として述べられることは何かを考えながら読み進めます。

- my room was cool は「私の部屋は涼しかった」という意味です。前の文の very hot と cool が対比関係にあることに注目しましょう。「夏の暑い日なのに、部屋が涼しいのはなぜだろう？」と考えながら読み進めます。

- because of the house の because of は、「～のために」という理由を表す表現です。of は**前置詞**なので、後には名詞が続くことに注意しましょう。ここから部屋が涼しい理由が述べられます。

- the house built of stone の built は、build の過去形・過去分詞です。ここでは、of の後には名詞が続き、〈主語＋動詞〉は来ないことから、the house を後ろから修飾する**過去分詞**として使われているとわかります。「石で建てられた家」だから、部屋が涼しかったのですね。

構造

[It] was July, and [Rome] was very hot;

but [my room] was cool <because of the house (built of stone)>.

訳 7月で、ローマはとても暑かったが、石で建てられた家なので私の部屋は涼しかった。

音声 Theoria Basic_022.mp3

022 It was impossible to meet everyone's demands about the new project.

* demand 名 要求

It のはたらきに注意してこの文を日本語に直しましょう。

- It was impossible まで読んだところで、「何が不可能なのかな?」と考え、It を**形式主語**ととらえます。この後に真主語が出てくると予測して読み進めましょう。

- impossible の後には to meet everyone's demands が続いています。予測どおり、**真主語**になる **to 不定詞**が出てきました。真主語は主語と同じはたらきをしますが、主語になるのは名詞なので、to meet everyone's demands は**名詞用法**の to 不定詞だとわかります。

- to meet everyone's demands の meet には、「〈人〉と会う」以外に「〈要求・必要〉に応える」「〈条件など〉を満たす」などの意味があります。ここでは、後に demands(要求)が続いているので、「〈要求・必要〉に応える」の意味で使われているとわかります。辞書の例文を確かめて、meet の使い方を学びましょう。

(ちなみに) 「～に応える」の意味の meet の目的語には、demands 以外に needs(必要性)、requirements(要求)などが来ます。この表現では、meet growing demands(増大している需要に応える)、meet rising demands(高まっている需要に応える)のように、目的語の前に形容詞を伴うことがあります。

- everyone's demands の everyone's は、名詞に -'s を付けた**所有格**になっていることに注意しましょう。to meet everyone's demands は「全員の要求に応えること」という意味になります。

- everyone's demands の後の about the new project は、〈前置詞+名詞〉の形になっています。〈前置詞+名詞〉には形容詞のはたらきと副詞のはたらきがありますが、ここでは直前の everyone's demands という**名詞を後ろから修飾する形容詞のはたらき**をしています。「その新しいプロジェクトについての全員の要求」ととらえればよいでしょう。

構造

It was impossible [to meet everyone's demands (about the new project)].

形式主語　真主語

訳 その新しいプロジェクトについての全員の要求に応えることは不可能だった。

08

動詞の後に来る要素を見抜く (1)

動詞の後に来る要素に注意して、次の文を日本語に直しましょう。

1 I turned the door knob.

2 The autumn leaves turn red.

基本構造を知る　**動詞の後に来る要素が1つの場合**

ここまで、〈意味順〉の最初の「だれ・なに」にあたる〈主語〉になる要素について見てきました。ここからは、最初の「だれ・なに」の次に来る「する (です)」にあたる〈動詞〉について見ていきましょう。

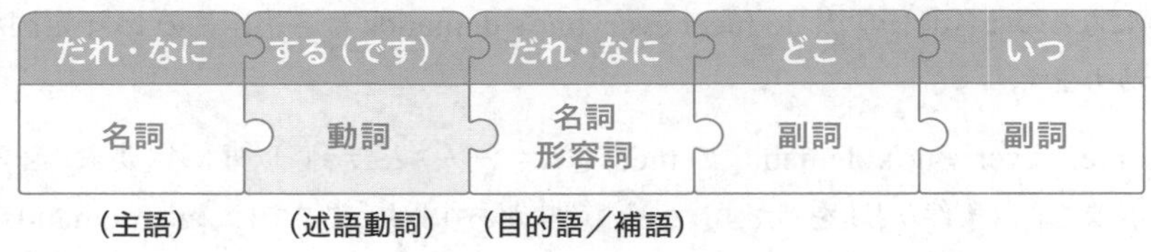

動詞の後には「だれ・なに」が続きますが、**動詞の後にどういった要素が来るかは、基本的に動詞ごとに決まっています。** したがって、動詞の後にどんな要素が来るかを知っておけば、次にどのような品詞や情報が出てくるのかを予測しながら読むことができるのです。ここでは、後に来る要素に注目して動詞のはたらきを整理していきましょう。

「〜する」を表す動詞の後に来る要素 (SVO：第3文型)

だれ・なに	する	だれ・なに	どこ	いつ
名詞	動詞	名詞	副詞 (句)	副詞 (句)

たとえば、「ボブは」「書いた」という情報が出てきたら、「何を書いたの?」ということを知りたいですよね。同じように、Bob wrote と出てきたら「何を書いたの?」という情報が来ることを期待しますし、実際に a letter や an essay などが来ます。このように、**「〜する」という動詞の後には「誰に」「何を」などの情報が続きます。** この時、「誰に」「何を」にあたる要素のことを〈**目的語**〉といい、〈**主語 (S) ＋動詞 (V) ＋目的語 (O)**〉の語順のことを〈**第3文型**〉といいます。また、後に目的語が来る動詞を〈**他動詞**〉といいます。**目的語になるのは名詞**であることも覚えておきましょう。

「〜です」を表す動詞の後に来る要素（SVC：第2文型）

だれ・なに	です	だれ・なに	どこ	いつ
名詞	動詞	名詞 形容詞	副詞（句）	副詞（句）

「リサは」「です」という情報が出てきたら、当然「リサはどんな人?」という情報が必要ですよね。同じように、「〜です」を表すbe動詞の後には、youngやa high school studentなど、主語の状態や正体を表す要素が来ます。このように、**「〜です」という動詞の後には主語の状態や正体を表す情報が来ます。**この時、状態や正体にあたる要素のことを**〈補語〉**といい、**〈主語（S）＋動詞（V）＋補語（C）〉**の語順のことを**〈第2文型〉**といいます。また、後に補語が来る動詞を**〈自動詞〉**といいます。**補語になるのは名詞と形容詞**です。

SVOとSVCの見分け方

動詞の後に名詞が来る場合、SVOとSVCの両方の可能性があります。その場合、〈主語〉と〈動詞の後の要素〉の関係に注目しましょう。SVCの文では、「Sは〜です」という意味を表すので、**〈S=C〉**という関係が成り立ちます。一方、SVOの文ではそのような関係は成り立ちません。したがって、**主語と動詞の後の要素がイコールの関係になっているかいないかで、SVOかSVCかを判断する**とよいでしょう。

基本構造に迫る

1 turnedの後にthe door knobが来ています。主語のIとthe door knobはイコールの関係にはなっていないので、このturnは他動詞で、SVOの文だと判断できます。door knobは、2つの名詞がくっついて1つの名詞になる**〈複合名詞〉**です。

I turned the door knob.

正解 私はドアノブを回した。

2 leavesはleafの複数形で、述語動詞はturnです。turnの後にredという形容詞が続いているので、このturnは自動詞で、SVCの文だとわかります。

The autumn leaves turn red.

正解 秋の葉が赤くなる。

023 Snow cover can keep heat from escaping from the land.

* keep A from *doing*　A が～するのを妨げる、A に～させない

この文の述語動詞の後に来る要素に注意して、全体を日本語に直しましょう。

- Snow cover まで読んだところで、Snow を主語、cover を現在形の述語動詞と考えてはいけません。なぜなら、snow が**単数形**になっているので、snow が主語なら、動詞には3人称単数現在を表す -s が必要になるからです。cover の後ろに助動詞の can が来ていることからも、cover が動詞ではないことがわかります。このように、**文の構造を考える時は、動詞の形にも注目する**ようにしましょう。snow cover は「積雪」という意味の**複合名詞**です。

- can keep heat まで読んだところで、Snow cover が**主語**、can keep が**述語動詞**だとわかります。それでは、keep の後の名詞 heat（熱）のはたらきは何でしょうか。

- 動詞の後に名詞が来ている場合は、**〈主語〉と〈動詞の後の名詞〉との関係で SVO か SVC かを判断しましょう**。ここでは、Snow cover と heat はイコールの関係になっていないので、この文は SVO で、heat は keep の**目的語**だとわかります。keep には、keep C で「C のままである」という意味を表す使い方もあります。

（ちなみに）keep にはさまざまな用法・語法があります。024でも扱いますが、ここで辞書を使って keep を確認してみましょう。まずは〈keep O〉〈keep 人 to O〉〈keep O_1 O_2〉〈keep OC〉と自動詞の keep の意味と例文をしっかりと読み込みましょう。そして、〈keep O_1 from O_2〉という表現があるか確認しておきましょう。

- keep heat from escaping は、**〈keep A from *doing*〉**という形になっています。この形は「A が～するのを妨げる」「A に～させない」という意味を表します。「熱が逃げるのを妨げる」という意味になりますが、ここでは「熱を逃さない」としておきましょう。

（さらに）「A に～させない」という意味を表す表現には、keep A from *doing* のほかに stop A from *doing*、prevent A from *doing*、hinder A from *doing* などがあります。

- 「熱はどこから逃れられないのかな？」と考えながら読み進めると、from the land という場所を表す表現が出てきました。「地面から熱を逃がさない」という意味になります。

構造　[Snow cover] can keep heat <from escaping <from the land>>.

訳　積雪は、地面から熱を逃がさないようにすることができる。

024 All the students were supposed to keep quiet during the graduation ceremony.

* be supposed to *do* 〜しなければならない　graduation ceremony 名 卒業式

keep の後に来る要素に注意して、この文を日本語に直しましょう。

- All the students は〈all the + 複数名詞〉の形になっています。「すべての〜」という意味を表す場合、all が the の前に来ることを覚えておきましょう。「すべての生徒は」という意味になります。
- be supposed to *do* は助動詞のようなはたらきをする表現で、「〜しなければならない」「〜することになっている」という意味を表します。文脈によっては「〜しなければならないが実際にはしていない〔なりそうにない〕」ことを暗に意味することがあります。
- were supposed to の後に keep quiet が出てきたところで、were supposed to keep を〈助動詞+動詞〉としてとらえましょう。
- keep の後の quiet は「静かな」という意味の形容詞です。述語動詞の後に形容詞が続く場合は、主語の状態を表す〈補語〉になります。keep C は「C のままである」という意味を表すので、keep quiet は「静かにしている」という意味になります。
- quiet の後に during the graduation ceremony が出てきました。「卒業式の間は静かにしている」という意味になります。

ちなみに　keep の後に来る要素

keep は、この英文のように SVC の文で使われることも、023のように SVO の文で使われることもあります。また、この後の課で学ぶ SV や SVOC の文で使われることもあるので、後ろにどんな要素が来ているかに注意して構造や意味を考える必要があります。ここでは、SVO と SVC の形をとる代表的な場合を確認しておきましょう。

① SVO（=名詞）: keep distance（距離を保つ）、keep balance（バランスを保つ）、keep pace（同じ速度を保つ）

② SVC（=形容詞）: keep busy（忙しくしている）、keep calm（落ち着いている）、keep cool（冷静な状態を保つ）、keep silent（静かにしている）

構造　[All the students] were supposed to keep quiet <during the graduation ceremony>.

訳　全生徒は卒業式の間、静かにしていなければならなかった。

音声 Theoria Basic_025.mp3

025 Americans generally do not feel the need to socialize with colleagues for the sake of work.

* generally 副 一般的に　socialize 動 交際する、仲よくする　colleague 名 同僚
for the sake of A　A のために

この文の述語動詞の後に来る要素に注意して、全体を日本語に直しましょう。

Americans generally do not feel まで読んだところで、Americans が**主語**、do not feel が**述語動詞**だとわかります。Americans は無冠詞の複数形なので〈総称〉の意味を表しますが、generally という**副詞**を伴っているので、「アメリカ人は一般的に」のように一般的な傾向を述べています。

feel の後には the need（必要性）という**名詞**が続いています。動詞の後に名詞が来ている場合は、**〈主語〉と〈動詞の後の名詞〉との関係で SVC か SVO かを判断する**のでしたね。ここでは、Americans と the need はイコールの関係になっていないので、the need は feel の**目的語**だとわかります。「必要性を感じる」という意味になります。動詞 feel の用法・語法について辞書で確認しておきましょう。

「どんな必要性なのかな？」と考えながら読み進めると、to socialize with colleagues という **to 不定詞**が出てきました。to 不定詞には**名詞を後ろから修飾**するはたらきがありましたね。ここでは、to 不定詞が名詞の具体的な内容を説明する**〈同格〉**の関係になっていて、「同僚と仲よくする必要性」という意味になります。

ちなみに　to 不定詞と同格になる名詞には、desire（願望）、effort（努力）、decision（決心）などがあります。〈名詞＋ to 不定詞〉が出てきたら、第4課（→ p.30）で学んだことを思い出しながら、名詞と to 不定詞の意味の関係に注目するようにしましょう。

colleagues の後には for the sake of work が続いています。〈for the sake of A〉は「A のために」という意味の表現で、目的とする行為を強調する時に使われます。ここでは、同僚と仲よくする目的が「仕事のため」であることを示しています。つまり、「アメリカ人は仕事のために同僚と仲よくする必要性を感じていない」ということになります。

構造

Americans generally do not feel the need (to socialize with colleagues
for the sake of work).

訳 アメリカ人は一般的に、仕事のために同僚と仲よくする必要性を感じていない。

026 In her childhood, Katy felt more comfortable with animals than with humans.

* childhood 名 子供時代　comfortable 形 心地よい

この文の述語動詞の後に来る要素に注意して、全体を日本語に直しましょう。

- In her childhood は**前置詞句**で、「彼女の子供時代に」という意味の**副詞のはたらき**をしています。**前置詞句は主語にはならない**ので、この後に主語が出てくると考えながら読み進めましょう。

- Katy felt まで読んだところで、Katy が**主語**、felt が**述語動詞**だとわかります。feel には SVO（〜を感じる）の形と SVC（〜のように感じる）の形の両方がありますが、ここではどちらで使われているのでしょうか。

- felt の後には more comfortable という**形容詞**が続いています。**語尾に -able が付いた語は形容詞**ということを覚えておきましょう。

- 動詞の後に形容詞が続く場合は、主語の状態を表す**〈補語〉**になるのでしたね。つまり、この文は **SVC の文**で、ここまでは「ケイティはより心地よく感じた」という意味になります。more は**比較級を作る副詞**なので、この後に**〈比較級 than A〉**の〈than A〉が出てくるのではないかと予測しながら読み進めましょう。

- comfortable の後に with animals が続いています。with は**前置詞**で、ここでは「〜といっしょに」という意味で使われています。「動物といっしょにいるとより心地よく感じた」という意味になります。まだ〈than A〉が出てきません。

- with animals の後に than with humans が出てきました。ここで、比較されているのは with animals と with humans だとわかります。「人といっしょにいるよりも動物といっしょにいるほうが心地よく感じた」という意味になります。

（ちなみに）比較級の後に〈than A〉が出てこないこともあります。その場合は、前に書かれている内容から判断し、比較されているものを補いながら読んでいくことになります。

構造

< In her childhood >, [Katy] felt more comfortable ┌ <with animals>
than
└ <with humans>.

訳 子供時代、ケイティは人といっしょにいるよりも動物といっしょにいるほうが心地よく感じた。

09

動詞の後に来る要素を見抜く（2）

述語動詞の後に来る要素に注意して、次の文を日本語に直しましょう。

1 My aunt gave me a new English dictionary.

2 My mother bought me a pair of earrings.

基本構造を知る　**動詞の後に来る要素が２つの場合（1）**

動詞の後の「だれ・なに」には、２つの要素が来ることがあります。その場合、最初の要素は目的語に、２つ目の要素は目的語か補語になります。

だれ・なに	する	だれ・なに		どこ	いつ
主語（S）	動詞（V）	目的語（O）	目的語（O） 補語（C）	副詞（句）	副詞（句）

ここでは、動詞の後に目的語が２つ来る場合について見ていきましょう。

動詞の後に目的語が２つ来る場合（SVOO：第４文型）

だれ・なに	する	だれ・なに		どこ	いつ
名詞	動詞	名詞 （人）	名詞 （もの）	副詞（句）	副詞（句）

動詞の後ろに目的語が2つ来る場合、「人」→「もの」の順番になります。このように、**〈主語（S）＋動詞（V）＋目的語（O＝人）＋目的語（O＝もの）〉**の語順のことを**〈第４文型〉**と言います。この時、「人」を表す要素を**〈間接目的語〉**、「もの」を表す要素を**〈直接目的語〉**ということも覚えておきましょう。

SVOO の文で用いる動詞

SVOO の文には、**「人にものを与える」**という意味がベースにあります。したがって、**「あげる」の意味を含む動詞が出てきたら、「後に〈人＋もの〉が来そうだな」と予測しながら読む**とよいでしょう。SVOO の文で用いる動詞は、大きく分けて２種類に分類することができます。代表的な動詞をまとめてありますので、それぞれの語を辞書で調べ、例文を確認しておきましょう。そうすることで、動詞の使い方がよくわかるはずです。

① **give 型**：「主語のもとから**ものが**移動して**相手に届く**」という**〈移動〉**の意味を表す動詞です。

give（与える）	hand（手渡す）	lend（貸す）	pass（手渡す）
pay（払う）	sell（売る）	send（送る）	show（見せる）
teach（教える）	tell（話す）		

② **buy 型**：「主語が**相手のために**何かをする」という**〈恩恵〉**の意味を表す動詞です。give 型の動詞と異なり、相手のために何かをした結果、**相手がその恩恵を受け取ったかはわからない**点に注意しましょう。

buy（買う）	call（呼ぶ）	choose（選ぶ）	cook（料理する）
find（見つける）	get（手に入れる）	leave（残す）	make（作る）
order（注文する）	save（取っておく）		

基本構造に迫る

1 give は〈give ＋人＋もの〉で「人にものを与える」という意味を表します。そこで、後に〈人＋もの〉が続くと予測しながら読むと、me（人）と a new dictionary（もの）が出てきて、予測どおり SVOO の文だったとわかります。

My aunt gave me a new English dictionary.
S V O（人） O（もの）

正解 私のおばは、私に新しい英語の辞書をくれた。

2 buy は SVO の形で「〜を買う」という意味を表しますが、SVOO の形では「人にものを買ってあげる」という意味を表します。そこで、後に〈人＋もの〉が続く可能性を考えながら読むと、me（人）と a pair of earrings（もの）が出てくるので、SVOO の文だとわかります。「母が私にイヤリングを買ってくれた」という意味になります。

My mother bought me a pair of earrings.
S V O（人） O（もの）

正解 母が私にイヤリングを買ってくれた。

音声 Theoria Basic_027.mp3

027 Play teaches young animals flexible behavior.

* flexible 形 柔軟な

この文に含まれる2つの目的語に＿＿を引き、全体を日本語に直しましょう。

冒頭のPlay teachesは、動詞が2つ並んでいるように見えます。ただ、動詞を2つ続けて使うことはできないので、最初のPlayは**名詞**だと考えましょう。playには「〈スポーツなど〉をする」「〈楽器など〉を演奏する」などの動詞の意味のほかに、「遊び」「劇」などの名詞の意味もあります。ここでは「遊び」の意味で使われています。

ちなみに　「遊び」の意味のplayは〈**不可算名詞**〉なので、aを付けずに単数形で使います。一方、「劇」の意味では〈**可算名詞**〉になるので、a playやplaysのように使います。同じ名詞でも、意味によって不可算名詞になったり可算名詞になったりするので注意しましょう。

teaches young animalsのteachにはSVO（SはOを教える）とSVOO（Sは人にものを教える）のパターンがあります。どちらの用法で使われているか、後に来る要素を見ながら考えましょう。youngは、ここでは「幼い」「幼少期の」という意味で使われています。まずは「幼少期の動物を教える」ととらえて読み進めます。

young animalsの後にflexible behaviorという名詞句が出てきました。形容詞のflexibleがbehaviorを修飾して「柔軟な行動」という意味になりますが、ここで**teachはSVOではなくSVOOで使われている**可能性を考えましょう。「名詞句が2つ続いているから、このteachはSVOOで使われているのだな」と考えます。

〈teach＋人＋もの〉は「〈人〉に〈もの〉を教える」という意味を表します。ここでは、〈人〉にyoung animalsが、〈もの〉にflexible behaviorが来ているので、「幼少期の動物に柔軟な行動を教える」という意味になります。〈人〉の部分に「幼少期の動物」という〈動物〉が来ていることに注意しましょう。〈人〉の部分には、このように動物などの〈生き物〉が来ることがあります。

ちなみに　この文は、直訳すると「遊びは幼少期の動物に柔軟な行動を教える」となりますが、「幼少期の動物は遊びを通じて柔軟な行動を学ぶ」のように訳してもよいでしょう。このように、**主語が無生物の場合は、目的語を主語のようにした文に言い換えると、より自然な日本語に訳すことができます。**

構造　[Play] teaches young animals flexible behavior.

訳　遊びは幼少期の動物に柔軟な行動を教える。

028 I gave my doctor a detailed description of my experiences with headaches.

* detailed 形 詳細な　　description 名 説明

この文に含まれる2つの目的語に＿＿を引き、全体を日本語に直しましょう。

I gave my doctorまで読んだところで、Iが主語、gaveが述語動詞、my doctorが目的語だとわかります。my doctorは「担当医」「かかりつけ医」という意味です。

ちなみに　myなどの所有格は、基本的に所有者を表しますが、結びつく名詞や状況によってさまざまな意味を表します。たとえば、my schoolは、学校の先生が言えば「私が勤務する学校」という意味に、生徒が言えば「私が通う学校」という意味になります。

giveにはSVOとSVOOのパターンがあります。SVOの形で用いると「～を与える、あげる」という意味になりますが、「私が担当医をあげた」だと何だか変な感じがしますね。そこで、「〈人〉に〈もの〉を与える」という意味を表すSVOOの文になっていると考えて読み進めます。

my doctorの後にa detailed descriptionという名詞句が出てきたところで、〈人〉にmy doctorが、〈もの〉にa detailed descriptionが来ている**SVOO**の文になっているとわかります。ここまでは「担当医に詳細な説明を与えた」という意味になりますが、「担当医にくわしく説明した」のようにとらえるとよいでしょう。

ちなみに　〈give ＋人＋もの〉の〈もの〉に動詞から派生した名詞が来ている場合、名詞の部分を動詞のように訳すとわかりやすくなることがあります。たとえば、〈give ＋人＋ an explanation〉は直訳すると「人に説明を与える」となりますが、explanation（説明）を動詞のように訳して「人に説明する」としたほうがわかりやすいですね。

descriptionの後のof my experiences with headachesが続いています。**名詞の後に〈of 名詞〉が出てきたら、〈A of B〉で1つの名詞としてとらえる**のでしたね。withはここでは「～に関する」という意味で使われているので、「頭痛に関する私の経験」という意味になります。my experiencesと複数形になっているので、「私」は頭痛についていろいろな経験をしているということがわかります。

構造　[I] gave my doctor a detailed description (of my experiences (with headaches)).

訳　私は担当医に頭痛に関する経験をくわしく説明した。

動詞の後に来る要素を見抜く (3)

述語動詞の後に来る要素に注意して、次の文を日本語に直しましょう。

1 The final interview made me nervous.

2 People call me a dinosaur.

3 We consider this theory valuable.

基本構造を知る　動詞の後に来る要素が2つの場合 (2)

動詞の後に目的語と補語が来る場合 (SVOC：第5文型)

だれ・なに	する	だれ・なに		どこ	いつ
名詞	動詞	名詞	形容詞 名詞	副詞 (句)	副詞 (句)

第9課では、動詞の後ろに目的語が2つ来る場合について学びました。ここでは、動詞の後ろに目的語と補語が来る場合を見ていきましょう。**補語には形容詞か名詞が来ます。**この〈**主語 (S) ＋動詞 (V) ＋目的語 (O) ＋補語 (C)**〉の語順のことを〈**第5文型**〉といいます。目的語と補語の間には、〈**O=C**〉という関係が成り立つことに注目しましょう。

SVOCの文で用いる動詞

SVOCの文で用いる動詞は、大きく分けて3種類に分類することができます。辞書で例文を確認し、理解を深めておきましょう。

① **make 型**：「OをCにする」という〈**目的語の状態変化**〉の意味を表します。

bake (焼く)	cut (切る)	get (させる)	keep (しておく)
leave (そのままにしておく)		let (させてやる)	make (させる)
set (させる)	turn (変える)		

② **call 型**：「OをCと呼ぶ」という〈**目的語の名前や役職**〉を表します。

call (呼ぶ)	choose (選ぶ)	elect (選ぶ)	name (名づける)

③ **think 型**：「OをCと考える」という〈**目的語についての認識**〉を表します。

believe (信じる)	consider (考える)	find (わかる)	think (思う)

SVOO と SVOC の見分け方

動詞の後に名詞が2つ来る場合、SVOO と SVOC の両方の可能性があります。まずは「動詞がどちらの形をとるか」から判断することになりますが、2つの名詞の関係から判断することもできます。SVOC の文では〈O=C〉という関係が成り立ちますが、SVOO の文ではそのような関係は成り立ちません。したがって、**2つの名詞がイコールの関係になっているかいないかで、SVOO か SVOC かを判断する**とよいでしょう。

基本構造に迫る

1 この文では、made の後に me という代名詞と nervous という形容詞が続いています。**動詞のあとに〈名詞+形容詞〉が続くのは SVOC の文**でしたね。〈S make OC〉の文では、主語が〈原因・理由〉となり、「S で」「S のせいで」という意味になる場合が多くあります。

The final interview made me nervous.
S V O C

正解 最終面接は私を緊張させた。→ 最終面接で私は緊張した。

2 call は SVOC の文で用いると「O を C（名前・役職など）と呼ぶ」という意味を表します。この文では、me と a dinosaur の間には〈O = C〉の関係が成り立ちます。dinosaur は「恐竜」という意味の名詞ですが、そこから転じて「時代遅れで役に立たなくなったもの〔人〕」という意味があり、ここではその意味で使われています。

People call me a dinosaur.
S V O C

正解 人々は私のことを時代遅れの人と呼ぶ。

3 consider は SVOC の文で用いると「O を C と考える」という意味を表します。この文では、this theory と valuable の間に〈O = C〉の関係が成り立ち、「この理論には価値がある」という意味になります。

We consider this theory valuable.
S V O C

正解 私たちはこの理論には価値があると考えている。

音声 Theoria Basic_029.mp3

029 The divers went down to the entangled nets on the reefs and cut them free.

* entangled 形 からまった　　reef 名 岩礁

cut の後に来る要素に注意して、この文を日本語に直しましょう。

- The divers went down まで読んだところで、The divers が主語、went down が述語動詞だとわかります。**動詞の過去形は述語動詞になる**ことを覚えておきましょう。

- went down to は「〜に降りて行った」という意味ですが、ここでは主語が The divers なので「潜って行った」ととらえるとよいでしょう。「どこまで潜って行くのかな？」と考えながら読み進めましょう。

- to の後の the entangled nets は、「からまった網」という意味です。entangled は、entangle（〜をからませる）という**動詞の過去分詞が形容詞になった語**で、名詞の nets を前から修飾しています。entangled という語を知らなかったとしても、the が出てきたら後に名詞が出てくること、-ed が付いている語は名詞ではないことを知っていれば、the から net までが1つの名詞句だと判断できるでしょう。

- the entangled nets の後の on the reefs は、網がからまっていた場所を表しています。「岩礁にからまった網」という意味になります。

- and の後に cut という動詞が続いています。cut は現在形・過去形・過去分詞がすべて同じ形ですが、**文法的に等しい要素を結ぶ等位接続詞** and の後に来ていることから、ここでは述語動詞の went down と結ばれていて、**過去形**として使われているとわかります。

- cut them free は、cut の後の them と free の関係に注目しましょう。them は代名詞、free は形容詞なので、〈SVOC〉の形になっていると判断できます。them は直前の the entangled nets を指しているので、「からまった網を切って自由な状態にする」という意味を表しますが、「からまった網を切り離す」ととらえればよいでしょう。

構造

The divers ┌ went down <to the entangled nets <on the reefs>>
　　　　　　│ and
　　　　　　└ cut them free.

訳 ダイバーたちは岩礁に絡まった網のところに潜っていき、その網を切り離した。

音声 Theoria Basic_030.mp3

030 The owners of the Wasabi Company in England try hard to keep the location of wasabi farms very secret.

* the Wasabi Company 名 ワサビ・カンパニー（英国のワサビ栽培・販売会社）

keep の後に来る要素に注意して、この文を日本語に直しましょう。

- The owners of the Wasabi Company は〈A of B〉の形になっているので、1つの名詞としてとらえましょう。「ワサビ・カンパニーのオーナー」という意味になります。

- in England は「イングランドで」という意味の前置詞句で、the Wasabi Company を修飾しています。

- England の後に try hard が出てきたところで、The owners から in England までが主語で、try が述語動詞だとわかります。hard はここでは「必死に、懸命に、熱心に」という意味の副詞として用いられていて、動詞の try を修飾しています。

- try hard の後に to keep the location of wasabi farms という to 不定詞が続いています。この to 不定詞は、try の目的語になる名詞用法として使われています。〈try to *do*〉で「～しようとする」という定型表現として覚えておくとよいでしょう。the location of wasabi farms は〈A of B〉の形になっているので、1つの名詞としてとらえます。

- wasabi farms の後に very secret が出てきました。secret には形容詞と名詞の意味がありますが、ここで、keep は〈keep OC (＝形容詞)〉という形をとると知っていれば、very secret を形容詞句とみなすことができます。また、副詞の very が付いていることからも、形容詞であることがわかります。

- 〈keep ＋ O ＋形容詞〉は「O を〈形容詞〉の状態に保つ」という意味を表します。「ワサビ農場の場所を非常に秘密に保つ」となりますが、「ワサビ農場の場所を誰にも知られないようにする」のようにとらえればよいでしょう。

構造

The owners of the Wasabi Company in England try <hard>

[to keep the location of wasabi farms very secret].

訳 イングランドのワサビ・カンパニーのオーナーは、ワサビ農場の場所を懸命に誰にも知られないようにしている。

(音声) Theoria Basic_031.mp3

031 My mom made me a bright orange basketball birthday cake and my uncle bought me my own small pair of Air Jordans.

* Air Jordans 名 エア・ジョーダン（ナイキ社のバスケットボールシューズ）

made と bought の後に来る要素に注意して、この文を日本語に直しましょう。

- My mom made me まで読んだところで、My mom が**主語**、made が**述語動詞**、me が**目的語**だとわかります。

- me の後に a bright orange basketball birthday cake が来ています。cake の前に bright、orange、basketball、birthday という4つの語が付いた長い**名詞句**になっていることに注意しましょう。すると、make の後に2つの名詞句が来ていることになります。make は SVOO の形も SVOC の形もとる動詞ですが、ここではどちらの形で用いられているのでしょうか。

- 動詞の後に名詞句が2つ続く場合、**2つの名詞句がイコールの関係になっていればSVOC、そうでなければSVOO** と判断するのでしたね。me と a bright orange basketball birthday cake の関係を考えると、「私」＝「ケーキ」にはなりません。したがって、ここでは **SVOO** の形で用いられているとわかります。「私に鮮やかなオレンジ色のバスケットボールの形をした誕生日ケーキを作ってくれた」という意味になります。

- **接続詞** and の後の文は、my uncle bought me まで読んだところで、my uncle が**主語**、bought が**述語動詞**、me が**目的語**だとわかります。

- me の後に my own small pair of Air Jordans という名詞句が続いています。動詞の後に名詞句が2つ続いているので、SVOC と SVOO のどちらの形かを考えましょう。2つの名詞句の関係を見てみると、me = my own small pair of Air Jordans にはなりません。したがって、ここでも **SVOO** の形で用いられているとわかります。「私に私専用の小さな1足のエア・ジョーダンを買ってくれた」という意味になります。

構造

[My mom] made me a bright orange basketball birthday cake
and
[my uncle] bought me my own small pair of Air Jordans.

訳 お母さんは私に鮮やかなオレンジ色のバスケットボールの形をした誕生日ケーキを作ってくれて、おじさんは私専用の小さな1足のエア・ジョーダンを買ってくれた。

(音声) Theoria Basic_032.mp3

032 George Orwell made the pigs the leaders of the revolution in his political novel, *Animal Farm*.

* George Orwell 名 ジョージ・オーウェル（英国の作家・ジャーナリスト）
Animal Farm 名『動物農場』（ジョージ・オーウェルの社会風刺小説）

この文の述語動詞の後に来る要素に注意して、全体を日本語に直しましょう。

- George Orwell made the pigs まで読んだところで、George Orwell が**主語**、made が**述語動詞**、the pigs が**目的語**だとわかります。

- the pigs の後に the leaders of the revolution が出てきました。the leaders of the revolution は**〈A of B〉の形になっているので、1つの名詞としてとらえます。**make はSVOO の形もSVOC の形もとりますが、ここではどちらの形で用いられているのか、2つの名詞句の関係を見てみましょう。

- the pigs = the leaders of the revolution と考えると、「豚が革命のリーダーだ」となり、**イコールの関係**になっているとわかります。したがって、ここでは **SVOC** の形で用いられていて、「豚を革命のリーダーにした」という意味になります。ちなみに、SVOO の時は「人に～を作ってあげる」という意味になります。

- the leaders of revolution の後の in his political novel は、どこで豚をリーダーにしたのかという説明をする**副詞のはたらき**をしています。「彼の（書いた）政治的な小説の中で」という意味になります。

- his political novel の後に、コンマ（ , ）に続いて *Animal Farm* が続いています。2つの名詞がコンマをはさんで続いている場合、**〈同格〉**と呼ばれる**イコールの関係**になるのでしたね（→ p.27）。*Animal Farm* が小説のタイトルであることからも、his political novel とイコールの関係になることがわかります。「『動物農場』という彼の政治的な小説」という意味になります。

構造

George Orwell made the pigs the leaders of the revolution

<in his political novel, *Animal Farm*>.

訳 ジョージ・オーウェルは、彼の政治的な小説である『動物農場』の中で、豚を革命のリーダーにした。

11

動詞の後に来る要素を見抜く (4)

次の文の主語を□で囲み、述語動詞に＿＿を引き、日本語に直しましょう。

1 All the leaves of the tree have fallen.

2 Shohei lives in Los Angeles.

3 There is a pond in the park.　*意味上の主語を□で囲みましょう。

基本構造を知る　動詞の後に〈だれ・なに〉が来ない場合

ここまで、動詞の後の「だれ・なに」に来る要素について学んできましたが、「だれ・なに」に何も来ない文もあります。ここでは、そのような文について見ていきましょう。

だれ・なに	する	だれ・なに	どこ	いつ
名詞	動詞		副詞（句）	副詞（句）
（主語）	（述語動詞）			

動詞の後に「だれ・なに」が来ない場合（SV：第1文型）

「だれが」にあたる主語と「する」にあたる述語動詞の後に、「だれ・なに」にあたる要素が来ない〈主語（S）＋動詞（V）〉の語順のことを〈第1文型〉といいます。また、この形で用いる動詞を〈自動詞〉といいます。ただし、SVだけだと情報が不足していることが多いので、後に「どこ」「いつ」などにあたる副詞（句）が続くことが多いことに注意しましょう。

他動詞と間違いやすい自動詞

日本語訳から見ると他動詞のようでも、実は自動詞である動詞があります。たとえば、「私はジョンを待っている」を英語にする時に、「『ジョンを待っている』だから、waitの後にJohnを続ければいいかな」と思うかもしれません。しかし、「待つ」の意味をもつwaitは自動詞なので、後に名詞を直接続けることはできません。この場合は、I'm waiting for John. のように、waitの後に副詞句を続ける必要があります。次のような動詞が出てきたら、「後に名詞ではなく副詞（句）が来るな」と予測しながら読むとよいでしょう。

agree（同意する）	apologize（謝罪する）	communicate（連絡を取る）
complain（文句を言う）	graduate（卒業する）	talk（話し合う）
wait（待つ）		

Thereで始まる文

主語の位置（動詞の前）にThereが来て、〈There + be 動詞+名詞〉の形で「何かがどこかにある」という意味を表す文を作ることがあります。このような文を〈There 構文〉といいます。There構文では、主語の位置にあるthereは特に意味は持たないので、「そこには」などと訳すことはありません。

There構文では、be動詞の後の名詞が**意味上の主語**になります。したがって、**be動詞は後の名詞の数（単数か複数か）に合わせて形が決まります**。また、be動詞の代わりにappear、come、exist、live、stand、happen、remainなどの動詞が用いられることもあります。これらの動詞を辞書で用例を確認して理解を深めておきましょう。また、thereについても辞書で確認しておきましょう。

基本構造に迫る

1 fallは「落ちる」という意味の自動詞です。この文は、All the leaves of the tree (S) とhave fallen (V) だけで成り立っています。

All the leaves of the tree have fallen.

正解 その木のすべての葉が落ちた。

2 liveは「住む」という意味の自動詞です。この文は、Shohei (S) とlives (V) から成り立つSVの文ですが、「どこに住んでいるか」がないと、情報としては不十分ですよね。そのため、in Los Angelesという「住んでいる場所」を表す副詞句が必要となります。

Shohei lives <in Los Angeles>.

正解 ショウヘイはロサンゼルスに住んでいる。

3 この文はThere isで始まっているので、動詞の後に意味上の主語にあたる名詞が来ると思って読み進めます。すると、isの後にa pondが出てきて、これが意味上の主語だとわかります。

There is a pond <in the park>.

正解 その公園には池がある。

033 Most dreams happen during periods of deep sleep called rapid eye movement or REM sleep.

* rapid 形 すばやい　　REM sleep 名 レム睡眠

この文の主語を□で囲み、述語動詞に＿を引き、日本語に直しましょう。

- Most dreams happen まで読んだところで、Most dreams が主語、happen が述語動詞と考えます。happen は「起こる、生じる」という意味の自動詞で、SV の文で使われるので、後には名詞ではなく副詞（句）が続くと予測しながら読み進めます。Most を主語、dreams を述語動詞ととらえてしまわないように注意しましょう。

- happen の後に during periods が来ています。during は「～の間」という意味の前置詞です。接続詞の意味はないので注意しましょう。〈前置詞＋名詞〉には、形容詞のはたらきと副詞のはたらきがありますが、ここでは happen がいつ起こることなのかを説明する副詞のはたらきをしています。予測どおり副詞句が続いていましたね。

- periods of deep sleep は〈A of B〉の形になっているので、1つの名詞としてとらえましょう。「深い眠りの期間」という意味になります。

- deep sleep の後に called rapid eye movement が来ています。called は動詞 call の過去形・過去分詞ですが、すでに述語動詞として happen が出てきたので、名詞を後ろから修飾する形容詞用法の過去分詞だと考えます。

- called の後に rapid eye movement が来たところで、〈call OC〉（O を C と呼ぶ）という形を思い出しましょう。ここでは、called が過去分詞なので、O が前に出て〈O called C〉（C と呼ばれる O）という形になっているとわかります。

- rapid eye movement or REM sleep の or は接続詞で、〈A or B〉の形で「A つまり B」という〈言い換え〉の意味を表します。ここでは、rapid eye movement「すばやい目の動き」とその略語である REM を結んでいて、ともに直後の sleep を修飾しています。

構造

[Most dreams] happen

<during periods of deep sleep (called rapid eye movement or REM sleep)>.

訳 ほとんどの夢は、急速眼球運動のある睡眠、つまり、レム睡眠と呼ばれる深い眠りの間に起こる。

034 Our selfish behavior has led to the extinction of so many species.

* selfish 形 自分勝手な　extinction 名 絶滅　species 名 (生物の分類上の) 種(しゅ)

この文の主語を□で囲み、述語動詞に＿を引き、日本語に直しましょう。

Our selfish behavior has led まで読んだところで、Our selfish behavior が**主語**、has led が**述語動詞**だとわかります。led は lead の過去形・過去分詞ですが、has led と**現在完了**の形になっているので、ここでは過去分詞として使われているとわかります。

lead には「～を導く」という他動詞の意味と「引き起こす」という自動詞の意味がありますが、ここではどちらの意味で使われているでしょうか。後に来る要素に注目しながら読み進めましょう。

led の後に to the extinction が来ています。**前置詞句には名詞のはたらきはない**ので、lead は**自動詞**で、to the extinction は**副詞のはたらき**をしていると考えます。〈lead to A〉で「A を引き起こす、A という結果になる」という意味を表します。extinction は、extinct「絶滅した」という形容詞の名詞形で、「絶滅」という意味です。

ちなみに　〈lead to A〉は、〈live in A〉(A (場所) に住む) と同じように、自動詞の lead だけでは意味が成り立たず、必ず副詞句の〈to A〉が必要になります。このように、自動詞の意味が成り立つために必要となる副詞 (句) のことを**〈義務的副詞〉**といいます。

the extinction of so many species は**〈A of B〉の形になっているので、1つの名詞としてとらえます**。so は副詞で、ここでは many を強調するはたらきをしています。led to 以下は「非常に多くの種の絶滅を引き起こした」という意味になります。

ちなみに　この文は、〈原因・理由〉が主語になっています。このような場合、「私たちの自分勝手な行動のせいで」のように、「〈主語〉のせいで」「〈主語〉によって」のように訳すと、より自然な日本語にすることができます。また、主語の部分を文のように訳して「私たちが自分勝手に行動するせいで」などと訳してもよいでしょう。

構造　[Our selfish behavior] has led <to the extinction of so many species>.

訳　私たちの自分勝手な行動のせいで、非常に多くの種の絶滅を引き起こした。

(音声) Theoria Basic_035.mp3

035 There are several hundred billion stars in our galaxy and hundreds of billions of galaxies in the observable universe.

* galaxy 名 銀河（系）　observable 形 観察可能な　universe 名 宇宙

There のはたらきに注意して、この文を日本語に直しましょう。

- 最初に There are と出てきたところで、「there 構文だから、次に意味上の主語が来るな」「be 動詞が are だから、後に続く名詞は複数形だな」と予測します。**There 構文の意味上の主語には「読み手にとって初めて話題になるもの」が来ます。**新たな話題が導入されると考えながら読み進めましょう。

- There are の後の several hundred billion stars が**意味上の主語**になります。予測どおり複数形になっていますね。

- several hundred billion は、several hundred（数百）と billion（十億）をかけ合わせて「数千億」という意味になります。

- stars の後の in our galaxy は「私たちの銀河系に」という意味で、several hundred billion stars が存在する場所を表しています。このように、**There 構文は「どこ」「いつ」にあたる副詞句を伴うことが多いので、**それを意識しながら読むようにしましょう。

- in our galaxy の後には、and に続いて hundreds of billions of galaxies が来ています。and は**等位接続詞**で、**文法的に等しい要素を結びます。**ここでは、several hundred billion stars と hundreds of billions of galaxies という There 構文の意味上の主語になる2つの名詞句が結ばれています。

- hundreds of billions of は、hundreds of（数百もの）と billions of（数十億もの）をかけ合わせて「数千億もの」という意味になります。

- in the observable universe は「観測可能な宇宙に」という意味で、hundreds of billions of galaxies が存在する場所を表しています。

構造

There are ┌ [several hundred billion stars] <in our galaxy>
　　　　　│ and
　　　　　└ [hundreds of billions of galaxies] <in the observable universe>.

訳 私たちの銀河系には数千億の星があり、観測可能な宇宙には数千億もの銀河がある。

036 Once upon a time many, many years ago, there lived a landlord in a small province of Western Europe. The landlord lived in a castle high on a hill.

* landlord 名 地主　　province 名（漠然と）地域、地方

there のはたらきに注意して、この文を日本語に直しましょう。

- Once upon a time は「昔々」という意味の決まり文句で、昔話やおとぎ話の始まりに用います。その後の many, many years ago は「今からずっと前に」という意味です。many をくり返すことで「何年も前」ということを強調しています。

- there lived a landlordでは、thereの後に一般動詞のlivedが来ています。このように、There 構文では、意味上の主語の具体的な動作や状態を表すために、be 動詞の代わりに一般動詞が使われることもあります。

- there lived の後の意味上の主語の a landlord（地主）は、〈新たな話題〉として登場しています。これからこの地主についての話題が展開していきます。

- in a small province of Western Europe は、「西ヨーロッパの小さな地域に」という意味で、地主がどこに住んでいたのかを表しています。

- 2文目が The landlord lived で始まっていることに注目しましょう。landlord は1文目ですでに登場していて、誰のことを指しているかわかっているので、ここでは The landlord と定冠詞が付いているのです。

- in a castle high on a hill の high on a hill は、a castle を後ろから修飾している形容詞句の on a hill を、副詞の high が修飾する形になっています。「丘の上の高いところにあるお城に」という意味で、地主がどこに住んでいたのかをより具体的に示しています。

構造

<Once upon a time> <many, many years ago>,
there lived [a landlord] <in a small province of Western Europe>.
[The landlord] lived <in a castle (high on a hill)>.

訳 昔々、今からずっと前に、西ヨーロッパの小さな地域に、1人の地主が住んでいました。その地主は、丘の上の高いところにあるお城に住んでいました。

12

形容詞のはたらきを理解する (1)

次の語を並べ替えて意味の通る表現にして、日本語に直しましょう。

1 A ruby (a / beautiful / is / stone).

2 She carried a bag (full / presents / of).

3 (beautiful / car / is / that).

基本構造を知る　形容詞の位置とはたらき

形容詞は、「人」「もの」「ことがら」が「どのようなものであるか」という〈様子〉や〈状態〉を表すことばであることは、第1課で確認しました。ここでは、形容詞の位置とはたらきについて、具体的に見ていきましょう。

名詞を直接説明する（限定用法）

形容詞には、名詞に直接くっついて、その名詞がどのようなものであるかを説明するはたらきがあります。このようなはたらきを〈限定用法〉といいます。名詞と形容詞の位置関係は、形容詞が1語で使われるか、ほかの語句とセットで使われるかで変わります。

① 形容詞1語で使われる場合：名詞の直前

② 〈形容詞＋α〉で使われる場合：名詞の直後

①については第2課で確認しましたね。注意が必要なのは②です。形容詞と結びつきの強い語句がセットで使われる場合は、名詞の後ろに置きます。後から付け足して説明するイメージですね。例文で確認しておきましょう。

a **useful** dictionary　(役に立つ辞書)

a dictionary **useful** for high school students　(高校生にとって役に立つ辞書)

ただし、something、someone、somebody などのように、-thing、-one、-body で終わる語を修飾する時は、形容詞1語でも名詞の直後に置かれるので注意しましょう。

I want to drink something **cold**.　(何か冷たいものが飲みたい)

be 動詞などの後に置いて主語を説明する（叙述用法）

形容詞には、be 動詞などの後に置いて、主語がどのようなものであるかを説明するはたらきもあります。このようなはたらきを〈叙述用法〉といいます。この〈主語＋述語動詞＋形容詞〉のかたちは **SVC の文**になります（→第8課）。また、**SVOC の文**の C に形容詞がおかれ、目的語の状態や様子を表すことがありますが（→第10課）、この時の形容詞も叙述用法になります。

基本構造に迫る

1 与えられた語を見ると、beautiful という形容詞があります。その他の語を見ると、stone という名詞があり、beautiful は stone を説明していると考えます。1語で名詞を説明しているので、冠詞の a を付けて a beautiful stone という語順になります。

A ruby is a **beautiful** stone.

正解 ルビーは美しい宝石です。

2 与えられた語を見ると、full という形容詞があり、bag という名詞を説明していると考えられます。さらに of と presents という語があり、full of presents という意味のかたまりになるので、bag の直後に置いて a bag full of presents という語順になります。

She carried a bag **full** of presents.

正解 彼女はプレゼントがたくさん入ったバッグを運んだ。

3 beautiful という形容詞と car という名詞があります。さらに、is という動詞があるので、beautiful は be 動詞の後に置いて主語を説明する叙述用法で使われていると考えます。残った that を主語の car の前に付けると、That car is beautiful. という語順になります。

That car is **beautiful**.
S V C

正解 あの車は美しい。

(音声) Theoria Basic_037.mp3

037 That sushi restaurant has been successful in spite of Japan's difficult economic situation.

この文の形容詞に＿＿を引き、全体を日本語に直しましょう。

- That sushi restaurant has been まで読んだところで、That sushi restaurant が主語、has been が述語動詞と考えます。be 動詞の後にはふつう補語になる名詞・形容詞のほかに副詞句、現在分詞・過去分詞が来るので、そのことを意識しながら読み進めます。has been という現在完了になっていることにも注目しましょう。現在完了には〈完了・結果〉〈経験〉〈継続〉の意味がありますが、いずれも「過去にあった出来事が現在とも関係している」ことを表します。

- has been の後に successful という形容詞が出てきました。be 動詞の後に形容詞が来た場合、主語がどのようなものであるかを説明する〈叙述用法〉のはたらきをします。ここでは、現在完了は〈継続〉の意味だと考え、「あの寿司屋は成功した状態が続いている」、つまり「あの寿司屋はずっと成功している」という意味になります。

- successful の後の in spite of は、「～にもかかわらず」という意味で、3語で1語の前置詞と同じはたらきをします。前置詞なので、後には名詞が続きます。

- in spite of の後の Japan's difficult economic situation は、所有格の Japan's の後に difficult と economic という2つの形容詞が続いています。この2つの形容詞は限定用法で、名詞の situation を前から修飾しています。「日本の困難な経済状況にもかかわらず」という意味になります。

(さらに) 2つ以上の形容詞が名詞を前から説明する場合、基本的に次のような順序で並べます。特に、限定詞・序数・数量は、必ずこの順序になります。

限定詞	序数	数量	性状	大小	新旧	色	材料・所属
the these	first last	two	pretty ripe	large small	old young	red gray	French steel

構造

[That sushi restaurant] has been successful <in spite of Japan's difficult economic situation>.

訳 あの寿司屋は日本の困難な経済状況にもかかわらず成功している。

038 The Student Housing Office sent me listings of housing suitable for students close to the campus.

* the Student Housing Office 名（大学の）学生住居課　listing 名 リスト

この文の形容詞に＿＿を引き、全体を日本語に直しましょう。

- The Student Housing Office sent me まで読んだところで、The Student Housing Office が**主語**、sent が**述語動詞**、me が**目的語**と考えます。send は SVO、SVOO、SVOC の形を取るので、後に続く要素を意識しながら読み進めましょう。

- me の後に listings of housing が出てきました。**〈A of B〉**は1つの名詞と考えて、「住居のリスト」という意味だととらえます。send の後に2つの名詞が続いていることになりますが、me と listings of housing は**イコールの関係にならないので、SVOO の文**だと判断できます。

- listings of housing の後に suitable for students が来ています。suitable は、語尾に -able が付いているので**形容詞**だとわかります。ここでは、〈suitable for A〉で「A に適した」という意味で使われています。**〈形容詞＋α〉が名詞を修飾する場合、名詞の直後に置かれる**ことを思い出しましょう。ここでは、housing を後ろから修飾しています。

- suitable for students の後に close to the campus が来ています。close には動詞と形容詞の意味がありますが、ここでは**〈close to A〉**で「A に近い」という意味を表す**形容詞**として使われています。「(大学の) キャンパスに近い」という意味になります。

- close to the campus も**〈形容詞＋α〉**の形になっているので、前の名詞を修飾していると考えます。直前にある名詞は students ですが、「キャンパスに近い学生」では意味が通りません。そこで、その直前の **housing を修飾**していると考えます。すると、suitable for students と close to the campus の**2つの〈形容詞＋α〉が housing を後ろから修飾**していて、「キャンパスに近い、学生向けの住居」という意味になるとわかります。

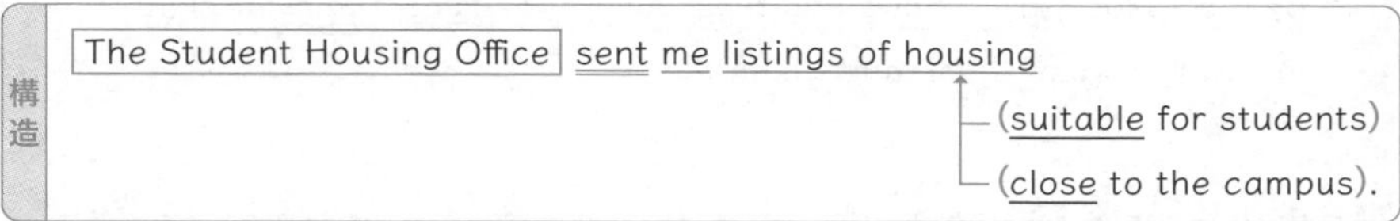
構造
The Student Housing Office sent me listings of housing
(suitable for students)
(close to the campus).

訳 学生住居課が私に、キャンパスに近い、学生向けの住居のリストを送ってきた。

039 By the 1890s, rickshaws and their pullers became a familiar sight in cities across Japan and China.

* rickshaw 名 人力車　　puller 名 引き手

この文の形容詞に＿＿を引き、全体を日本語に直しましょう。

- By the 1890s は〈前置詞＋名詞〉の形で「1890年代までに」という意味の副詞のはたらきをしています。「〜年代」という時は、数字の後に -'s か -s を付けます。〈前置詞＋名詞〉は主語にはならないので、この後に主語が出てくると考えながら読み進めます。

- rickshaws and their pullers は、２つの名詞が接続詞の and で結ばれています。their は rickshaws を受けています。「人力車とその引き手」という意味になります。

- became は動詞 become の過去形です。ここで rickshaws and their pullers が主語、became が述語動詞だとわかります。become は SVC（C になる）と SVO（〈人〉にふさわしい、〈人〉に似合う）の形をとるので、後に続く要素に注意しながら読み進めます。

- became の後に a familiar sight が出てきました。familiar は形容詞で、前に冠詞の a、後に名詞の sight があるので、叙述用法ではなく sight を前から修飾する限定用法で使われています。主語と a familiar sight はイコールの関係にあるので、この文は SVC で、a familiar sight は補語だとわかります。familiar はここでは「なじみのある」という意味で使われていて、「なじみのある光景になった」という意味になります。

- in cities は前置詞句で、「なじみのある光景になった」のが「どこ」でなのかを説明する副詞のはたらきをしています。cities と複数形になっていることに注意して、「さまざまな都市で」のようにとらえましょう。

- across Japan and China は前置詞句で、直前の名詞 cities がどこにあるのかを説明する形容詞のはたらきをしています。「日本や中国のいたるところの」のようにとらえるとよいでしょう。

構造

<By the 1890s>, rickshaws and their pullers became a familiar sight
<in cities (across Japan and China)>.

訳 1890年代までに、人力車とその引き手は、日本と中国のいたるところのさまざまな都市でなじみのある光景になった。

040 Today's readers are already quite familiar with e-books or electronic books.

この文の形容詞に____を引き、全体を日本語に直しましょう。

- Today's readers は「現代の読者」という意味です。Today's は所有格で、名詞句が始まる合図になっていることに注目しましょう。

- Today's readers の後に are が出てきたところで、Today's readers が主語、are が述語動詞だとわかります。**be 動詞の後にはふつう補語になる名詞・形容詞のほかに副詞句、現在分詞・過去分詞が来る**ので、そのことを意識しながら読み進めます。

- are の後に already quite familiar が続いています。already と quite は副詞です。already は「すでに（～である）」という意味で、**動詞の are を修飾**しています。一方、quite は「かなり」という意味で、**形容詞の familiar を修飾**しています。

- familiar は形容詞ですが、ここでは be 動詞の後に来ています。したがって、039の familiar と異なり、この familiar は主語がどのようなものであるかを説明する叙述用法で使われているとわかります。このように、**形容詞の多くは限定用法でも叙述用法でも使うことができます**。形容詞を学ぶ時は、どの用法で使うかを辞書で確認するようにしましょう。この familiar は「よく知っている」という意味で使われています。

- familiar の後に with e-books が来ています。be familiar with は「～についてよく知っている」という意味です。ここまでは「現代の読者はすでに電子書籍についてかなりよく知っている」という意味になります。

- e-books の後に or electronic books が続いています。or は接続詞で、ここでは〈A or B〉の形で「A つまり B」という〈言い換え〉の意味を表します。ここでは、e-books と electronic books を結んでいて、e-books の e が electronic の略であることがわかります。

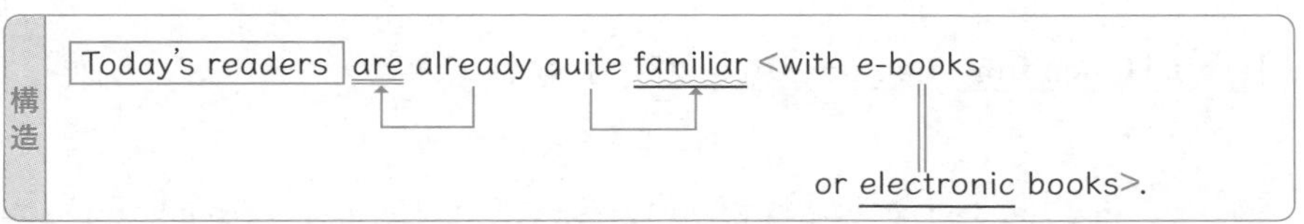
構造
Today's readers are already quite familiar <with e-books
or electronic books>.

訳 現代の読者は、e ブック、つまり電子書籍についてすでにかなりよく知っている。

13

形容詞のはたらきを理解する（2）

次の語を並べ替えて意味の通る表現にして、日本語に直しましょう。

1 I know (girl / talking / the / to) Sally.

2 I (stolen / found / my) bike.

3 He bought (a / give / nice / to / watch) his wife.

基本構造を知る　**形容詞のはたらきをする要素**

名詞を修飾する要素には、形容詞のほかに、現在分詞・過去分詞や to 不定詞があります。ここでは、形容詞と同じはたらきをする**分詞**と **to 不定詞**について見ていきましょう。

現在分詞の形容詞用法

第3課で学んだように、現在分詞は、形容詞と同じように名詞を修飾して「～している〈名詞〉」という意味を表します。使い方も形容詞と同じで、**現在分詞が1語で名詞を修飾する場合は名詞の直前に、他の語句とセットになったかたまりとして使われる場合は名詞の直後に置きます。**

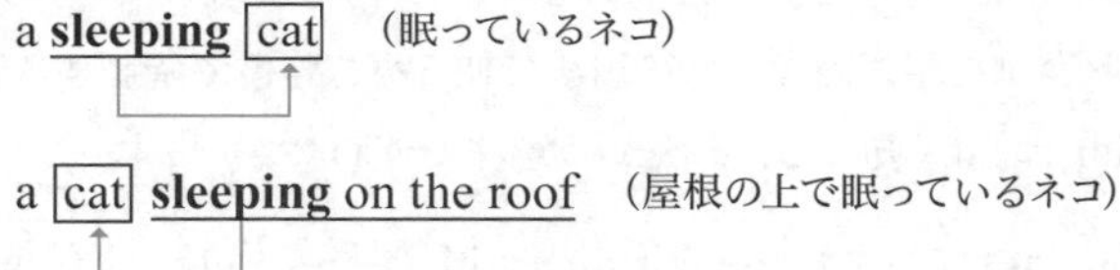

a **sleeping** cat　（眠っているネコ）
a cat **sleeping** on the roof　（屋根の上で眠っているネコ）

過去分詞の形容詞用法

過去分詞も、形容詞と同じように名詞を修飾して「～された〈名詞〉」という意味を表します。現在分詞と同じく、**過去分詞が1語で名詞を修飾する場合は名詞の直前に、他の語句とセットになったかたまりとして使われる場合は名詞の直後に置きます。**

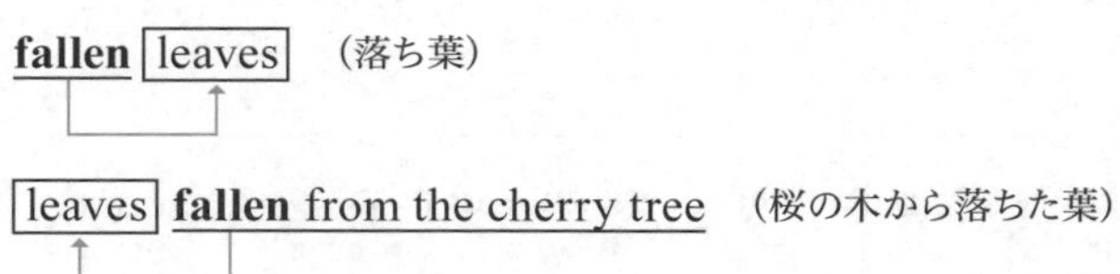

fallen leaves　（落ち葉）
leaves **fallen** from the cherry tree　（桜の木から落ちた葉）

ちなみに　形容詞のはたらきをする現在分詞や過去分詞の中には、exciting や interested のように完全に形容詞化したものもあります。このような分詞を〈**分詞形容詞**〉といいます。

to 不定詞の形容詞用法

第4課で学んだように、to 不定詞には、**名詞の直後に置いて「〜する（ための）〈名詞〉」という意味を表す、形容詞と同じはたらき**があります。この場合、〈名詞〉と〈to 不定詞の動詞（*do*）〉の間には、〈**主語と動詞**〉〈**動詞と目的語**〉〈**同格**〉の関係がありましたね。第4課を復習して、名詞と to 不定詞の関係を改めて整理しておきましょう。

[a lot of assignments] **to do** today（今日すべきたくさんの課題）
do a lot of assignments という〈動詞と目的語〉の関係

基本構造に迫る

1 与えられた語を見ると、talking という**現在分詞**があります。be 動詞はないので、進行形ではなく現在分詞の形容詞用法で用いられていると考えます。後に Sally が続いているので、talking to という形を作り、the girl の後に続けて taking to Sally とします。

I know [the girl] (**talking** to Sally).

正解 私はサリーに話しかけている女の子を知っています。

2 与えられた語を見ると、stolen という**過去分詞**があります。be 動詞や have はないので、過去分詞の形容詞用法と考えます。与えられた語の中に stolen の後に続く要素がないので、bike の前に stolen を置きます。found は find の過去形・過去分詞ですが、ここでは述語動詞になる過去形として用います。

I found my **stolen** [bike].

正解 私は盗まれた自分の自転車を見つけた。

3 まずは述語動詞の bought の目的語になる要素として、〈**冠詞＋形容詞＋名詞**〉という語順から a nice watch を作ります。残る give と to を to give という **to 不定詞**にして、watch の後に続け、a nice watch to give his wife という名詞句にします。

He bought [a nice watch] (**to give** his wife).

正解 彼は妻にあげるすてきな腕時計を買った。

(音声) Theoria Basic_041.mp3

041 Luckily for art history, Vincent van Gogh changed his chosen profession to art.

* luckily 副 幸運にも　Vincent van Gogh 名 フィンセント・ファン・ゴッホ（オランダの画家）
profession 名 職業

この文に含まれる分詞のはたらきに注意して、全体を日本語に直しましょう。

- Luckily for art history は、副詞の luckily が for art history を修飾しています。〈前置詞＋名詞〉は主語にはならないので、この後に主語が出てくると考えながら読み進めます。

(ちなみに) luckily は、形容詞の lucky に -ly を付けてできた副詞です。このように、形容詞に -ly を付けると副詞になることがあります。

- Vincent van Gogh changed まで読んだところで、Vincent van Gogh が主語、changed が述語動詞と考えます。ゴッホは何を変えたのでしょうか。

- changed の後に his chosen profession が出てきました。his は所有格なので、ここから名詞句が始まると考えます。chosen profession は〈過去分詞＋名詞〉という形になっていて、chosen は profession を前から修飾する形容詞のはたらきをしています。

- chosen は choose「～を選ぶ」の過去分詞です。過去分詞には、「～された」という〈受け身〉の意味と「～した」という〈完了〉の意味がありますが、ここでは「選ばれた職業」という〈受け身〉の意味で使われています。「彼によって選ばれた職業」としてもよいですが、「彼が選んだ職業」ととらえておきましょう。

- chosen profession の後に to art が続いています。ここで述語動詞が changed だったことを思い出しましょう。change には〈change A to〔into〕B〉（A を B に変える）という形があり、ここでは A に his chosen profession、B に art が来ています。「彼が選んだ仕事を美術に変えた」という意味になります。

(ちなみに) ゴッホは画商として働いた後、教師や書店員、伝道師見習いを経て、画家になることを決意しました。その後は弟の援助を受けながら絵を描き続けましたが、生前に売れた絵は1枚だけだったといわれています。

構造 <Luckily for art history>, [Vincent van Gogh] changed his chosen profession <to art>.

訳 美術史にとって幸運なことに、フィンセント・ファン・ゴッホは選んだ職業を美術に変えた。

音声 Theoria Basic_042.mp3

042 The articles written in newspapers on the Internet are often shortened versions of the originals.

* shorten 動 ～を縮める、短くする　version 名 版　original 名 原作、オリジナル

この文に含まれる分詞のはたらきに注意して、全体を日本語に直しましょう。

- The articles written in newspapers まで読んだところで、The articles の後に written という**過去分詞**が続いていることに注目しましょう。過去分詞が名詞の直後に来ているので、この written は The article を後ろから修飾する**形容詞用法の過去分詞**だとわかります。ここでは〈**受け身**〉の意味で使われていて、「新聞に書かれている記事」という意味になります。

- in newspapers の後の on the Internet は**前置詞句**で、直前の名詞 newspapers を修飾する**形容詞のはたらき**をしています。「インターネット上の新聞」という意味になります。

- on the Internet の後に are often が出てきたところで、The articles から the Internet までが**主語**で are が**述語動詞**だとわかります。often は**副詞**で、are を修飾しています。

- are often の後に shortened が続いています。まずは〈be 動詞＋過去分詞〉の受動態の文だと考えて読み進めてみましょう。

- shortened の直後に versions of the originals が出てきました。〈A of B〉は1つの名詞として考えるのでしたね。are shortened を受動態だとすると、ふつう後に目的語は来ないので、この名詞が浮いてしまいます。そこで、shortened は名詞を前から修飾する**形容詞用法の過去分詞**だったのだと読みを修正します。

- shortened versions of the originals を1つの名詞として考えると、この部分は be 動詞の**補語**になっているとわかります。「オリジナルの短くされた版」という意味になりますが、「オリジナルの短縮版」などととらえるとよいでしょう。

構造

The articles (written in newspapers (on the Internet)) are often

shortened versions of the originals.

訳 インターネット上の新聞に書かれている記事は、しばしばオリジナルの短縮版だ。

第1章 第2章 第3章 第4章 第5章 第6章 第7章 第8章 第9章 第10章

音声 Theoria Basic_043.mp3

043 Flying animals often become confused by the invisibility of window glass and crash into houses and tall buildings.

* invisibility 名 見えないこと　crash 動 衝突する

この文に含まれる分詞のはたらきに注意して、全体を日本語に直しましょう。

- Flying animals は、現在分詞の flying が名詞の animals を前から修飾する形容詞のはたらきをしています。「空を飛ぶ動物」という意味になります。動名詞ととらえて「動物を飛ばすこと」と読んでしまうと、文の意味が成り立たなくなってしまいます。
- often become confused まで読んだところで、Flying animals が主語、become が述語動詞だと考えます。often は副詞で、become を修飾しています。
- confused は confuse「～を混乱させる」の過去分詞です。ここでは、〈be 動詞＋過去分詞〉の受動態の be 動詞の代わりに become が使われているととらえておきましょう。
- confused の後には by the invisibility of window glass が続いています。by は前置詞で、ここでは「～によって」という受動態の〈動作主〉を表しています。the invisibility of window glass は〈A of B〉の形になっているので、1つの名詞として考えましょう。「窓ガラスが見えないことによって」という意味になりますが、「窓ガラスが見えないせいで」ととらえておきましょう。
- and crash into houses and tall buildings は、接続詞の and が become confused by ... と crash into ... という2つの動詞を結んでいます。crash into houses and tall buildings は「家や高い建物に衝突する」という意味になります。
- ここで、become confused by ... と crash into ... のつながりを考えてみましょう。すると、「窓ガラスが見えなくて混乱した」結果、「家や高い建物に衝突する」という流れになっていますね。このように、and には2つの要素を結ぶはたらき以外に、〈時間の前後関係〉や〈因果関係〉などを表すはたらきもあります。

構造

[Flying animals] often [become confused <by the invisibility of window glass>
and
crash <into houses and tall buildings>.

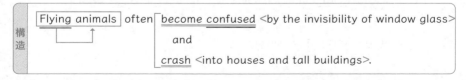

訳 空を飛ぶ動物は、窓ガラスが見えないせいで混乱して、家や高い建物に衝突することがよくある。

044 I want to pick out some new ties to give my father as a present.

* pick out 動 ～を選ぶ

この文に含まれる to 不定詞のはたらきに注意して、全体を日本語に直しましょう。

- I want まで読んだところで、I が**主語**、want が**述語動詞**と考えます。want は「～が欲しい」の意味では他動詞なので、後に目的語が来ることを予測して読み進めましょう。

- want の後には to pick out という **to 不定詞**が続いています。want の後には目的語となる名詞が続くので、この to 不定詞は**名詞用法**だとわかります。〈want to *do*〉は「～したい」という意味になります。pick out は「～を選ぶ」という意味で、pick O out または pick out O の語順になるので、後に目的語が来ることを予測して読み進めます。

ちなみに　日本語の「ピックアップする」には「選ぶ」という意味がありますが、英語の pick up にはこの意味はありません。pick up は「～を拾い上げる」「～を車で迎えに行く」という意味を表します。

- pick out の後に some new ties が出てきました。これが pick out の**目的語**になります。tie は「ネクタイ」という意味です。necktie はやや古い語で、今ではあまり使いません。

- some new ties に続いて to give my father という **to 不定詞**が出てきました。名詞の直後にあるので、この to 不定詞は名詞を後ろから修飾する**形容詞用法**だと判断します。

- 形容詞用法の to 不定詞が出てきたら、名詞と to 不定詞の関係を確認するようにしましょう。give の後には my father という〈人〉が続いていますね。give の後に〈人〉が来る場合は**〈give O（人）O（もの）〉**で「〈人〉に〈もの〉をあげる」という意味を表しますが、my father の後には〈もの〉にあたる目的語がありません。そこで、give my father some new ties の some new ties が前に出ていると考え、名詞と to 不定詞は「ネクタイをあげる」という**〈動詞と目的語〉の関係**になっていると判断しましょう。

- my father の後には as a present が続いています。as は**前置詞**で、「～として」という意味を表します。to pick out 以下は「プレゼントとして私の父にあげる何本かの新しいネクタイを選ぶこと」という意味になります。

構造　I want [to pick out some new ties (to give my father <as a present>)].

訳　私はプレゼントとして父にあげる何本かの新しいネクタイを選びたい。

形容詞のはたらきを理解する（3）

形容詞のはたらきに注意して、次の文を日本語に直しましょう。

1 I believe the book important for all people.

2 I saw John walking toward the library.

3 Emily heard her name repeated.

基本構造を知る　注意すべき形容詞のはたらき

ここでは、読解の際に注意が必要な形容詞のはたらきについて確認しておきましょう。

動詞の後に〈名詞＋形容詞〉が来ている場合

動詞の後に〈名詞＋形容詞〉が来ている場合、まずは SVOC の C に形容詞が来ていると考えます。次の文を見てみましょう。

(1)　I found this dictionary **useful** for high school students.

I found this dictionary の後に useful という形容詞が出てきたところで、find は SVOC の形で「O が C だとわかる」の意味を表すことを思い出しましょう。この文では、C に useful for high school students という形容詞句が来ているので、「私はこの辞書が高校生にとって役に立つとわかった」という意味になります。次の文はどうでしょうか。

(2)　I bought a dictionary **useful** for high school students.

動詞の後に a dictionary useful for high school students が続いているのは同じですが、buy は SVOC の形で用いると「O を C の状態で買う」という意味になり、この文には当てはまりません。そこで、SVO の文だと考えると、形容詞句の useful for high school students が名詞の a dictionary を後ろから修飾する〈限定用法〉で使われているとわかります。この文は「私は高校生にとって役に立つ辞書を買った」という意味になります。

このように、動詞の後に〈名詞＋形容詞〉が来ている場合は、文脈などから動詞がどの文型で使われているかを考えて、形容詞のはたらきを見抜くようにしましょう。

動詞の後に〈名詞＋分詞〉が来ている場合

動詞の後に〈名詞＋現在分詞・過去分詞〉が来ている場合も、〈名詞＋形容詞〉が続いている場合と同じように考えます。特に、SVOC の場合は、O（名詞）と C（現在分詞・過去分詞）の間に〈S ＋ V〉の関係（S ＋ be 動詞＋現在分詞・過去分詞）があるので、そのことを意識するとよいでしょう。

My father left the engine running.（私の父はエンジンをかけっぱなしにしておいた）
S V O C（≒ the engine is running）

基本構造に迫る

1 Iが主語、believeが述語動詞、the bookが目的語となる名詞で、名詞の後にimportantという形容詞が来ています。believeには「OはCだと信じる」というSVOCの用法があるので、importantはSVOCのCになっているとわかります。

I believe the book **important** for all people.
S V O C

正解　私はその本がすべての人にとって重要だと信じている。

2 Iが主語、sawが述語動詞、Johnが目的語となる名詞です。Johnの後にwalkingが出てきたところで、SVOCのCに現在分詞が来ていると考えます。Johnとwalkingの間に〈John is walking〉という〈S＋V〉の関係があることからも、SVOCの文であることがわかります。〈see＋O＋現在分詞〉は「Oが～しているのを見る」という意味になります。

I saw John **walking** toward the library.
S V O C

正解　私はジョンが図書館に向かって歩いているのを見た。

3 Emilyが主語、heardが述語動詞、her nameが目的語となる名詞です。her nameの後にrepeatedが出てきたところで、SVOCのCに過去分詞が来ていると考えます。her nameとrepeatedの間に〈her name is repeated〉という〈S＋V〉の関係があることからも、SVOCの文であることがわかります。〈hear＋O＋過去分詞〉は「Oが～されるのを聞く」という意味になります。

Emily heard her name **repeated**.
S V O C

正解　エミリーは自分の名前が繰り返されるのを耳にした。

音声 Theoria Basic_045.mp3

045 The company considered people management important for a variety of reasons.

形容詞のはたらきに注意して、この文を日本語に直しましょう。

- The company considered まで読んだところで、The company が**主語**、considered が**述語動詞**と考えます。consider には SVO（S は O について考える）と SVOC（S は O が C だと考える）という2つの形をとるので、後に目的語となる名詞が来ると予測しながら読み進めます。

- considered の後の people management は、「人材管理」という**複合名詞**としてとらえましょう。consider の後ろにある名詞なので**目的語**だと判断します。

- people management の後に important という**形容詞**が出てきました。〈名詞＋形容詞〉の形になっていますが、**形容詞が1語で名詞を修飾する場合は、原則として名詞の前に置く**ので、ここでは**叙述用法**で使われていると考えられます。consider には SVOC の形があることをあわせて考えると、この文は SVOC の文だといえそうです。

- important の後に for a variety of reasons が続いています。a variety of A は「さまざまな A」「いろいろな A」という意味を表すので、「さまざまな理由で」という意味になります。for a variety of reasons は形容詞の important を修飾する**副詞のはたらき**をしているので、「さまざまな理由で重要だ」という意味になります。

さらに　a variety of A の A には原則として複数形の名詞が来ますが、people（人々）のように複数扱いをする名詞や、music のように単数形でも「何かの集合」であることを表す名詞が来ることもあります。

- ここで、**SVOC の OC には〈O = C〉の関係があること**を思い出しましょう。ここでは、people management = important という関係になっているので、この文はやはり SVOC の形だと判断できます。「人材管理が重要であると考える」という意味になります。

構造　The company considered people management important <for a variety of reasons>.

訳　その会社は、人材管理がさまざまな理由で重要だと考えていた。

046 In summer, Chester saw a beautiful butterfly lying on the grass in the park near his house.

形容詞のはたらきに注意して、この文を日本語に直しましょう。

- In summer は〈前置詞＋名詞〉の形で「夏に」という意味を表します。〈前置詞＋名詞〉は主語にはならないので、この後に主語が出てくると考えながら読み進めます。

- Chester saw a beautiful butterfly まで読んだところで、Chester が主語、saw が述語動詞、a beautiful butterfly が目的語だとわかります。ここまでは「チェスターは美しいチョウを見た」という意味になります。

- a beautiful butterfly の後に lying という現在分詞が出てきました。動詞の後に〈名詞＋現在分詞〉が続いている場合、〈SVOC の OC〉と〈名詞＋形容詞用法の現在分詞〉の可能性がありますが、まずは SVOC の文だと考えてみます。

- see には〈see ＋ O ＋現在分詞〉で「O が～しているのを見る」という意味を表す用法がありましたね。また、a beautiful butterfly と lying の関係を見ると、a beautiful butterfly is lying という〈S+V〉の関係になっているので、SVOC の文と判断することができます。lying は「横たわる」「存在する」の意味の lie の現在分詞ですが、ここではチョウが羽を広げて止まっている様子を表しているととらえるとよいでしょう。

- lying の後の on the grass は前置詞句で、チョウが止まっていた場所を表す副詞のはたらきをしています。「芝生の上に止まっている」という意味になります。

- on the grass の後の in the park は前置詞句で、the grass を修飾する形容詞のはたらきをしています。その後の near his house も前置詞句で、the park を修飾する形容詞のはたらきをしています。「家の近くの公園の芝生の上に」という意味になります。

ちなみに in the park near his house は、動詞 saw を修飾する副詞のはたらきをしていると解釈することもできます。その場合は「家の近くの公園で見た」という意味になります。

構造 <In summer>, Chester saw a beautiful butterfly lying <on the grass> (in the park (near his house))>.

訳 夏に、チェスターは家の近くの公園の芝生の上に美しいチョウが止まっているのを見た。

音声 Theoria Basic_047.mp3

047 A good chairperson keeps the meeting running on time and to the point.

* chairperson 名 議長　on time 時間どおりに　to the point 適切に

形容詞のはたらきに注意して、この文を日本語に直しましょう。

- A good chairperson keeps the meeting まで読んだところで、A good chairperson が主語、keeps が述語動詞、the meeting が目的語だとわかります。keep には SVO（O を続ける、引き留める）のほかに SVOC（O を C の状態に保つ、C のままにしておく）と SVOO（〈人〉に〈もの・場所〉を（少しの間）とっておく）の形があるので、the meeting の後に続く要素に注意しながら読み進めます。

- the meeting の後に running という現在分詞が出てきました。run は自動詞では「走る」という意味ですが、「会議が走る」では意味が通じませんね。ここでは「（計画・組織・人などが）進行する」という意味で使われています。run にはさまざまな意味があるので、辞書で確認しておきましょう。

- the meeting running は〈名詞＋現在分詞〉という形になっています。動詞 keeps の後に〈名詞＋現在分詞〉が続いているので、まずは SVOC の OC として考えてみます。the meeting と running の関係を見ると、the meeting is running という〈S+V〉の関係になっているので、SVOC の文と判断できそうです。〈keep ＋ O ＋現在分詞〉は「O が～している状態にしておく」という意味を表します。「会議を進行する状態にしておく」という意味になりますが、「会議を進行させる」ととらえておきましょう。

- running の後に on time という前置詞句が続いています。on time は「時間どおりに」という意味で、ここでは running を修飾する副詞のはたらきをしています。

- on time の後には、and に続いて to the point という前置詞句が来ています。to the point は「適切に」という意味で、on time とともに running を修飾する副詞のはたらきをしています。「時間どおりに、適切に会議を進行させる」という意味になります。

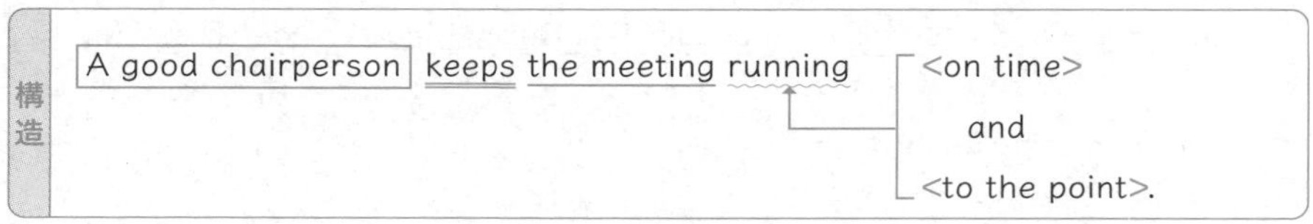

訳 よい議長は、時間どおりに、適切に会議を進行させる。

音声 Theoria Basic_048.mp3

048 In Norway, travelers may be quite amazed to see some roofs covered with dirt and plants.

* dirt 名 土

形容詞のはたらきに注意して、この文を日本語に直しましょう。

- In Norway は「ノルウェーでは」という意味になります。〈前置詞＋名詞〉は主語にはならないので、この後に主語が出てくると考えながら読み進めます。

- In Norway の後に travelers may be が出てきたところで、travelers が主語、may be が述語動詞だとわかります。be の後に続く要素に注意しながら読み進めましょう。

- quite amazed の amazed は amaze の過去分詞です。〈be 動詞＋過去分詞〉の受動態の形になっていますが、感情を表す動詞を過去分詞にした場合、〈分詞形容詞〉として扱うことが多いので、ここでも分詞形容詞としてとらえておきます。すると、amazed が補語になる SVC の文になっているとわかります。quite は副詞で、amazed を修飾しています。ここまでは「旅行者はかなり驚くかもしれない」という意味になります。

- amazedの後にto see some roofsという to 不定詞が出てきました。この to 不定詞は、amazed という感情の原因を表す副詞用法として使われています。〈主語の感情〉を表す形容詞の後に来る to 不定詞は副詞用法で、〈感情の原因〉を表すと覚えておきましょう。「いくつかの屋根を見てかなり驚くかもしれない」という意味になります。

- some roofs の後に covered with dirt and plants が出てきました。〈名詞＋過去分詞〉の形になっていますが、知覚を表す動詞 see の後に続いているので、まずは SVOC の OC として考えてみます。some roofs と covered with dirt and plants の関係を見ると、some roofs are covered with dirt and plants という〈S+V〉の関係になっているので、SVOC と判断しましょう。〈see ＋ O ＋過去分詞〉で「O が〜されているのを見る」という意味になります。「屋根が土と植物でおおわれているのを見る」という意味になります。

構造 <In Norway>, travelers may be quite amazed <to see some roofs covered with dirt and plants>.

訳 ノルウェーでは、旅行者はいくつかの屋根が土と植物でおおわれているのを見てかなり驚くかもしれない。

15

副詞のはたらきを理解する (1)

副詞の位置とはたらきに注意して、次の文を日本語に直しましょう。

1 My mother always sings very well.
2 Only I will go there tomorrow.
3 You are probably right.

基本構造を知る **副詞の位置とはたらき**

副詞は、第1課で学んだように、出来事や動作、状態などについて説明を添えることばです。形容詞が名詞を修飾するのに対して、副詞は〈動詞〉〈形容詞〉〈他の副詞〉〈文全体〉などを修飾します。各品詞の修飾関係をイメージ図で示すと、次のようになります。

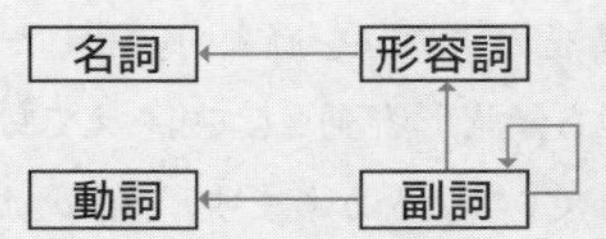

主な副詞の種類と位置

副詞は、その意味によって置かれる位置が決まります。ここで、主な副詞の種類と使われる基本的な位置を、例文をもとに確認しておきましょう。

① 頻度・程度・様態を表す副詞

My sister and I **often** see things **completely** **differently**.
(1) (2) (3)

(私と姉はよく完全に違った見方でものを見る)

(1) often (よく)、sometimes (時々)、seldom (めったに〜ない)、never (決して〜ない) などの頻度を表す副詞は、ふつう動詞の前、助動詞・be 動詞の後に置きます。

(2) almost (ほとんど)、little (少し)、nearly (ほとんど)、very (非常に) などの程度を表す副詞は、ふつう修飾する語句の前に置きます。

(3) easily (容易に)、fast (速く)、hard (一生懸命に) などの様態を表す副詞は、ふつう動詞の後に置きます。

② 時・場所を表す副詞

Joe and I met **here** **yesterday**. (ジョーと私は昨日ここで会った)

now（今）、soon（もうすぐ）などの時を表す副詞や、there（そこで）、near（近くに）などの場所を表す副詞は、ふつう文末に〈場所→時〉の順に置きます。意味順ボックスの「どこ」「いつ」の位置を確認しておきましょう。

③ 話し手の確信の度合いを表す副詞

I will **certainly** be back <by noon>.（私は正午までには必ず戻ってきます）

certainly（確かに）、maybe（ひょっとすると）、probably（たぶん）などの話し手の確信の度合いを表す副詞は、文頭または動詞の前、助動詞・be 動詞の後に置きます。

④ 名詞・代名詞を修飾する副詞

Only you can answer the question.（あなただけがその質問に答えることができます）

この文の only は代名詞の you を修飾しています。このように、特定の副詞が名詞・代名詞を修飾することがあります。名詞を修飾する副詞には、only のほかに almost、even、quite があります。辞書で例文を確認してみましょう。

基本構造に迫る

1 always は頻度を表す副詞なので動詞 sings の前に、well は様態を表す副詞なので動詞 sings の後に、very は well の程度を表す副詞なので well の前に置きます。

My mother **always** sings **very well**.

正解　私の母は常にとても上手に歌う。

2 only は代名詞の I を修飾しています。there は場所を表す副詞、tomorrow は時を表す副詞です。「どこ」「いつ」を表す語句は文末に置きます。

Only I will go **there tomorrow**.

正解　私だけが明日、そこに行きます。

3 probably は話し手の確信の度合いを表す副詞なので、be 動詞の後に置きます。

You are **probably** right.

正解　あなたはおそらく正しいでしょう。

音声 Theoria Basic_049.mp3

049 Nearly 30 percent of Dutch commuters always travel to work by bicycle.

＊Dutch 形 オランダの　　commuter 名 通勤者、通学者

この文に含まれる副詞の位置とはたらきに注意して、日本語に直しましょう。

- Nearly 30 percent of Dutch commuters の nearly（ほぼ）は**程度を表す副詞**で、30 という形容詞を修飾しています。程度を表す副詞は**修飾する語の前**に置きます。
- Nearly 30 percent of Dutch commuters は**〈副詞＋形容詞＋名詞1 of 名詞2〉**という形の**名詞句**になっています。この形では、**名詞句の中心は〈名詞1〉**になります。したがって、ここでは30 percent が中心になることに注意しましょう。
- Nearly 30 percent of Dutch commuters が名詞句だとわかったところで、この部分が主語で、次に動詞が出てくると予測しましょう。
- Dutch commuters の後に always travel が続いています。予測どおり travel という動詞が出てきました。always は「常に」という**頻度を表す副詞**で、travel を修飾しています。頻度を表す副詞なので、**動詞の前**に置きます。Nearly 30 percent of Dutch commuters が**主語**、travel が**述語動詞**になります。
- ここで、名詞句の中心が30 percent という単数形なのに、動詞の travel に3人称単数現在の -s が付いていないことに注目しましょう。たとえば one of them が主語であれば述語動詞は one に一致させますが、〈X percent of Y〉の場合は Y に一致させます。ここでは、Dutch commuters という複数名詞に一致させています。
- travel の後に to work が続いています。〈travel to ＋場所〉で「～へ旅行する、行く」という意味を表すので、この to work の work は「職場、勤め先」という意味の名詞です。つまり、**〈前置詞＋名詞〉**で、travel の行き先を表す**副詞のはたらき**をしているとわかります。
- by bicycle は「自転車で」という意味の**副詞句**で、動詞の travel を修飾しています。**〈by ＋無冠詞の名詞〉**は「～で」という**〈手段〉**を表します。

構造　[Nearly 30 percent (of Dutch commuters)] always travel <to work> <by bicycle>.

訳　オランダの通勤者のほぼ30パーセントが常に自転車で職場に行く。

050 Plastic is produced cheaply, useful nearly everywhere and incredibly durable.

* incredibly 副 信じられないほど　　durable 形 耐久性のある、長持ちする

この文に含まれる副詞の位置とはたらきに注意して、日本語に直しましょう。

- Plastic is produced の is produced は、〈be 動詞＋過去分詞〉という受動態の形になっています。Plastic が主語、is produced が述語動詞で、「プラスチックは生産される」という意味になります。

- cheaply（安く）は様態を表す副詞です。動詞句の後に置かれ、述語動詞の is produced を修飾しています。

- cheaply の後に、コンマに続いて useful nearly everywhere が出てきました。コンマがあるので、コンマとコンマの間に語句が来る〈挿入〉や、後に and が来る〈並列・列挙〉の可能性を考えながら読み進めます。

- useful は「役立つ」という形容詞です。nearly は「ほとんど」という意味の程度を表す副詞で、everywhere を修飾しています。everywhere は「どこでも」という場所を表す副詞です。useful の後に名詞が来ていないので、useful は限定用法ではなく叙述用法で、文中で補語になっているとわかります。

- everywhere の後に、and に続けて incredibly durable という形容詞句が出てきたところで、この文は is の後に① produced cheaply、② useful nearly everywhere、③ incredibly durable という３つの要素が〈A, B and C〉の形で並べられた〈並列・列挙〉になっているとわかります。受動態の過去分詞と形容詞が並列されています。

- incredibly durable の incredibly は「信じられないほど」という程度を表す副詞で、形容詞の durable（耐久性のある、長持ちする）を修飾しています。

構造

```
[Plastic] is ┌ produced cheaply,
             │ useful nearly everywhere
             │   and
             └ incredibly durable.
```

訳 プラスチックは、安く生産され、ほぼどこでも役立ち、信じられないほど耐久性がある。

音声 Theoria Basic_051.mp3

051 The Great Barrier Reef must surely rank among the world's natural wonders.

* the Great Barrier Reef 名 グレートバリアリーフ（オーストラリアの世界最大のサンゴ礁）
rank 動 位置を占める　wonder 名 驚異

この文に含まれる副詞の位置とはたらきに注意して、日本語に直しましょう。

- The Great Barrier Reef must まで読んだところで、must が助動詞で、後に動詞の原形が来ると考えます。すると、surely という副詞が来て、rank が続いています。rank には名詞の意味もありますが、助動詞の後に来ているので、ここでは述語動詞だとわかります。

- 助動詞の must には、「～しなければならない」という〈義務〉の意味と「～に違いない」という〈確信〉の意味がありますが、ここでは主語が The Great Barrier Reef という無生物なので、書き手の〈確信〉を表していると判断しましょう。

- surely は「きっと、間違いなく」という書き手の確信の度合いを表す副詞で、述語動詞の rank を修飾しています。確信の度合いを表す副詞なので、助動詞の後に置きます。must が surely とともに使われていることからも、must が〈確信〉の意味で使われていると考えることができます。

- 動詞の rank には、「～を位置づける」という他動詞の意味と「位置を占める」という自動詞の意味があります。ここでは、直後に among the world's natural wonders という前置詞句が続き、目的語となる名詞がないので、自動詞だと判断できます。

- among は「～の中で」という意味の前置詞です。rank among A で「A のうちの 1 つに位置づけられる」という意味を表します。

- the world's natural wonders は、the world's という所有格と natural という形容詞の後に wonders という名詞が置かれた〈所有格＋形容詞＋名詞〉という形になっています。wonder は「驚異」という意味なので、「世界の自然の驚異」という意味になります。wonder には「～かなと思う」という動詞の意味もあるので、辞書で確認しておきましょう。

構造　[The Great Barrier Reef] must surely rank <among the world's natural wonders>.

訳 グレートバリアリーフは、世界の自然の驚異の1つに位置づけられるに違いない。

052 Intelligence has always been considered to be basically an inherited trait that never changes.

* inherited 形 受け継がれた、遺伝した　trait 名 特徴

この文に含まれる副詞の位置とはたらきに注意して、日本語に直しましょう。

- Intelligence が主語、has が動詞と考えて読み進めると、always been considered が出てきました。ここで、has は動詞ではなく完了形を作る助動詞だと読みを修正しましょう。has always been considered は〈have ＋過去分詞〉の現在完了と〈be 動詞＋過去分詞〉の受動態が組み合わさった形になっています。

- always は「常に」「いつも」という意味の頻度を表す副詞なので、動詞の前、助動詞・be 動詞の後に置かれますが、ここでは has と been の間に置かれていることに注意しましょう。always があるので、この現在完了は「常に考えられてきた」という〈継続〉の意味を表しているとわかります。

- considered の後に to be という to 不定詞が出てきました。まずは〈consider O to *do*〉「O が～すると考える」という形を確認しておきましょう。この文は〈consider O to *do*〉の O にあたる intelligence を主語にした受動態になっています。

- to be basically an inherited trait の basically は、「基本的に」という頻度を表す副詞なので、be 動詞の後に置かれています。

- basically の後に an が出てきたところで、冠詞の後は最後に名詞が出てきてひとかたまりの名詞句を作るので、まずはかたまりの最後になる名詞を探します。すると、trait という名詞が出てくるので、an inherited trait という名詞句になっていることがわかります。inherited は過去分詞で、名詞の trait を修飾する形容詞のはたらきをしています。

- trait までが名詞句とわかったので、後に続く that は関係代名詞だと考えます。すると、never changes と主語のない形が続いているので、関係代名詞で正しく、an inherited trait を修飾していると考えます。

構造

[Intelligence] has always been considered (to be basically an inherited trait (that never changes)).

訳 知能は、基本的に決して変わらない遺伝した特徴であると常に考えられてきた。

16

副詞のはたらきを理解する（2）

下線部の語の品詞に注意して、次の文を日本語に直しましょう。

1 The wind is blowing <u>north</u>.

2 A cold wind blew from the <u>north</u>.

3 The station is on the <u>north</u> side of the park.

基本構造を知る　副詞と他の品詞の見分け方

英語には、複数の品詞の意味を持つ語が数多くあります。どの品詞で使われているかは、文中の位置やはたらきから判断することになります。ここでは、副詞と他の品詞の見分け方について見ていきましょう。

副詞と名詞の見分け方

yesterday には名詞の意味と副詞の意味がありますが、次の文の yesterday はどちらの品詞の意味で使われているでしょうか。

(1)　**Yesterday** was my birthday.（昨日は私の誕生日でした）

(2)　I met John **yesterday**.（昨日、ジョンと会った）

(1) では、yesterday は主語の位置にあります。主語になるのは名詞でしたね。したがって、この yesterday は名詞だとわかります。一方、(2) では I（S） met（V） John（O） という文の後に yesterday が来ています。meet は SVOO の形をとらないので、yesterday は名詞ではなさそうです。ここで、時を表す副詞が文末に置かれることを思い出せば、この yesterday は副詞だとわかります。このように、品詞を文中の位置から考えることで意味を正しくつかむことができるのです。

副詞と形容詞の見分け方

hard には形容詞の意味と副詞の意味がありますが、次の文の hard はどちらの品詞の意味で使われているでしょうか。

(1)　It is **hard** for him to study English.（彼にとって英語を学ぶのは難しい）

(2)　He studies English **hard** every day.（彼は毎日、英語を一生懸命勉強している）

(1) は SVC の文になっています。be 動詞に続く C には名詞か形容詞が来るので、この hard は形容詞だとわかります。一方、(2) では He studies English という SVO の文の後で使われています。SVOの後に形容詞が来る場合、SVOCの文になりますが、**study は SVOC の文を作らない動詞**なので、このhardは形容詞ではなく**副詞**だと判断します。このように、**動詞の後にどのような語や品詞が来るかを知っていれば、それらの語の品詞を見分ける**手がかりになります。

基本構造に迫る

1 northには名詞・形容詞・副詞の意味がありますが、この文では、is blowingの後に続いて、文末に置かれています。「(風が) 吹く」の意味のblowはSVの形をとる自動詞で、後に補語となる名詞・形容詞や目的語となる名詞は来ないので、このnorthは**方向を表す副詞**として使われているとわかります。

The wind is blowing **north**.

正解　風は北に向かって吹いている。

2 この文では、northは前置詞fromの後に、theに続くかたちで使われています。ここで、**前置詞の後には名詞が来る**ことを思い出しましょう。また、**冠詞の the は後に名詞が続くしるしになる**のでしたね。したがって、このnorthは**名詞**だとわかります。

A cold wind blew <from the **north**>.

正解　冷たい風が北から吹いた。

3 この文では、northは前置詞onの後に、theに続くかたちで使われています。ここまでは**2**と同じですが、northの後にsideという名詞が続いています。ここで、これまでに学んできた〈**冠詞＋形容詞＋名詞**〉という語順を思い出しましょう。名詞を前から修飾するのは形容詞でしたね。したがって、このnorthは**形容詞**で、the north sideという名詞のかたまりをつくり、さらにof the parkがthe north sideに付いて〈名詞 of 名詞〉の形になっています。

The station is <on the **north** side of the park>.

正解　その駅は公園の北側にある。

音声 Theoria Basic_053.mp3

053 More than a billion people worldwide live <u>close</u> to rivers fed by glacier or snowmelt.

* feed 動 ～に流れ込む　glacier 名 氷河　snowmelt 名 雪解け水

下線部の語の品詞に注意して、この文を日本語に直しましょう。

- More than a billion people は、a billion people の前に more than が付いています。〈more than ＋数を表す語＋名詞〉の形で「～以上の〈名詞〉」という意味を表し、ここでは「10億以上の人々」という意味になります。

- people の後の worldwide は「世界中で」という意味の副詞です。worldwide は副詞ですが、名詞の後に置いて形容詞的に使うことができます。

- worldwide の後に live が出て来たところで、More than a billion people worldwide が主語、live が述語動詞だと考えて読み進めます。

- live の後に close to rivers が出てきました。close には「近い」という形容詞の意味と「近くに」という副詞の意味がありますが、ここではどちらで使われているでしょうか。「住む」という意味の live は SV の形をとる自動詞で、後に補語となる形容詞は来ません。したがって、この close は live を修飾している副詞だと判断します。

- close to は「～の近くに」という意味を表します。rivers は無冠詞の複数形になっているので、特定の川ではなく「河川全般」という〈総称〉の意味で使われており、「河川の近くに」という意味になります。

- rivers の後に feed の過去形・過去分詞の fed が出てきました。すでに述語動詞として live があるので、fed は述語動詞ではないとわかります。さらに、後に by glacier という前置詞句が続いているので、この fed は受け身の意味を持つ過去分詞で、rivers を後ろから修飾する形容詞のはたらきをしていると考えます。fed by A は「A が流れ込んで作られる」という意味で、「氷河や雪解け水が流れ込んでできた河川」という意味になります。

構造 [More than a billion people worldwide] <u>live</u> <close to rivers (fed by glacier or snowmelt)>.

訳 世界中の10億以上の人々が、氷河や雪解け水が流れ込んでできた河川の近くに暮らしている。

音声 Theoria Basic_054.mp3

054 From very early times humans have developed a <u>close</u> relationship with animals.

下線部の語の品詞に注意して、この文を日本語に直しましょう。

- From から始まっているので、「前置詞句はどこまでか」「主語はどこから始まるか」という2つのことを考えながら読み進めます。very early times humans まで読んだところで、times と humans という名詞が続いているので、times までが**前置詞句**と考えます。このように、名詞が続く場合は、そこでいったん区切ることができます。前置詞句の後の humans が主語だと考えて読み進めます。

- humans have developed まで読んだところで humans が**主語**、have developed が**述語動詞**だと考えます。〈have ＋過去分詞〉の**現在完了**になっていますが、From very early times（はるか昔から）とあるので、〈継続〉の意味で用いられているとわかります。「人間は発展させてきた」という意味になります。

(ちなみに) 〈継続〉の意味の現在完了は、しばしば〈for ＋期間〉（～の間）や〈since ＋時期・出来事〉（～以来）などの副詞句を伴いますが、〈from ＋時間・時代〉を伴うこともあります。

- have developed の後に a close relationship が出てきました。close には「近い」という形容詞の意味と「近くに」という副詞の意味がありますが、ここで**〈冠詞＋形容詞＋名詞〉**という語順を思い出しましょう。ここでは、冠詞の a の後、名詞の relationship の前にあるので、名詞を前から修飾する**限定用法の形容詞**として使われているとわかります。形容詞の close には「（関係などが）密接な」という意味があるので、「密接な関係を発展させてきた」となりますが、「密接な関係を築いてきた」ととらえるとよいでしょう。a close relationship は have developed の**目的語**になっています。

- relationship の後の with animals は**前置詞句**で、relationship を後ろから修飾する**形容詞のはたらき**をしています。a close relationship with animals は「動物との密接な関係」という意味になります。

構造

<From very early times> [humans] <u>have developed</u> <u>a close relationship</u> (with animals).

訳 はるか昔から、人間は動物と密接な関係を築いてきた。

Theoria Basic_055.mp3

055 In Italy, you wave good-bye with the back of your hand.

下線部の語の品詞に注意して、この文を日本語に直しましょう。

- In Italy は「イタリアでは」という意味です。文頭の場所を表す副詞句は、場面を設定するはたらきをしています。**前置詞句は主語にはならない**ので、この後に主語が出てくると考えながら読み進めます。

- you wave まで読んだところで、you が**主語**、wave が**述語動詞**だと判断します。この you は「あなた」という意味ではなく、「(一般に) 人」という**〈総称〉**の意味で使われています。**〈総称〉の you は、日本語に訳さないほうが自然**です。

- wave には「波」という名詞の意味もありますが、ここでは you という代名詞の直後に来ているので、**動詞**と考えてみましょう。動詞の wave は、目的語に good-bye などのあいさつの表現を伴って、「手を振って～のあいさつをする」という意味を表します。「手を振ってさようならのあいさつをする」という意味になります。

- good-bye の後に with the back of your hand が出てきました。前置詞の with にはいろいろな意味がありますが、ここでは後に「手」が続いているので、「～で、～を使って」という**〈道具・手段〉**を表す意味で使われていると考えます。

- the back of your hand の back には、「後部、裏」という名詞の意味、「後ろに」という副詞の意味、「後ろの」という形容詞の意味、「～を後退させる」という動詞の意味がありますが、この back の品詞はどれでしょうか。

- この back は、前置詞 with の後に来ていること、前に冠詞の the が付いていて、後に名詞が続いていないことから、**名詞**として使われていると考えます。後に of your hand が続いて**〈A of B〉**の形になっていることからも、名詞であることがわかります。名詞の back は「後部、裏」という意味なので、「手の裏で」、つまり「手の甲で」という意味になります。「手の甲を相手に向けて」ととらえるとよいでしょう。

(ちなみに) 「手の甲」を the back of one's hand というのに対して、「手のひら」は the palm (of one's hand) といいます。

構造 <In Italy>, [you] wave good-bye <with the back of your hand>.

訳 イタリアでは、手の甲を相手に向けて手を振ってさようならのあいさつをする。

056 The first records of barbers in history go back to ancient Egypt.

* barber 名 理髪師

下線部の語の品詞に注意して、この文を日本語に直しましょう。

- The first records of barbers は〈A of B〉の形になっているので、1つの名詞として考えましょう。first は「最初の」という意味の形容詞で、名詞の records を修飾しています。「最初の理髪師の記録」という意味になります。

ちなみに barber は人を指すことばなので、「理髪店に行く」という場合は、ふつう go to a barber's shop といいます。また、shop を省略して、go to a barber's ということもあります。

- in history は〈前置詞＋名詞〉の形で The first records of barbers を修飾する形容詞のはたらきをしています。「歴史上」という意味になります。

- in history の後に go back が出てきました。ここで、The first records of barbers が主語、go が述語動詞だとわかります。

- go back の back の品詞について考えてみましょう。ここでは、動詞の go を修飾しているので、副詞だと判断できます。歴史の話をしているので、「(過去に) さかのぼって」という意味で使われているとわかります。現在の視点から過去にさかのぼるので、go が現在形になっていることにも注目しましょう。

- go back の後の to ancient Egypt は前置詞句で、過去のどの時点までさかのぼるかを示す副詞のはたらきをしています。歴史の話をしているので、ancient Egypt は場所ではなく時代を指していることにも注意しましょう。「古代エジプト (の時代) までさかのぼる」という意味になります。

ちなみに back を「(過去に) さかのぼって」の意味で使う場合、後にはふつう過去のある時点を表す表現が続きます。たとえば、back in 1969なら「1969年にさかのぼって」という意味になりますし、back in London のように場所を後に続けると、「ロンドンにいた頃には」という「ある場所にいた頃」という意味になります。

構造 [The first records of barbers] (in history) go <back <to ancient Egypt>>.

訳 歴史上、最初の理髪師の記録は、古代エジプトまでさかのぼる。

17

副詞のはたらきを理解する (3)

下線部のはたらきに注意して、次の文を日本語に直しましょう。

1 I poured dressing over the salad.

2 The company is in good financial condition.

3 You should study hard to pass the exam.

基本構造を知る　副詞句の見分け方

複数の語のかたまりで1語の副詞と同じはたらきをするものを副詞句といいます。ここでは、副詞句の見分け方について見ていきましょう。

〈前置詞＋名詞〉の見分け方

〈前置詞＋名詞〉には、副詞のはたらきをする副詞句としての用法と、形容詞のはたらきをする形容詞句としての用法があります。次の文を比べてみましょう。

(1)　The book on the table is mine.（テーブルの上の本は私のものだ）

(2)　The cat is sleeping on the table.（そのネコはテーブルの上で寝ている）

(1) では、The book on the table という名詞句が文の主語になっています。on the table は、the book という名詞を修飾する形容詞のはたらきをしているので、形容詞句だとわかります。一方、(2) では The cat is sleeping という SV の後に on the table が置かれています。この on the table は、「どこで寝ているか」という〈場所〉を表しているので、動詞を修飾する副詞のはたらきをする副詞句だとわかります。第15課で学んだように、場所を表す副詞は文末に置かれることからも、この on the table は副詞句だと判断できます。このように、〈前置詞＋名詞〉が形容詞句か副詞句かは、使われている位置と文脈から見分ける必要があります。

to 不定詞の副詞用法

to 不定詞には、文中で主語・目的語・補語になる〈名詞用法〉、名詞を修飾する〈形容詞用法〉、動詞や形容詞や文を修飾する〈副詞用法〉の3つの用法があります。どの用法で使われているかは、〈前置詞＋名詞〉と同じように、使われている位置と文脈から判断します。次の文の to 不定詞は、どの用法で使われているでしょうか。

They came from Australia **to see me**.（彼らは私に会うためにオーストラリアから来た）

まずは文の構造を見ていきましょう。They は主語、came は述語動詞で、後に from Australia という副詞句が続いています。to see me は Australia という名詞の直後にありますが、形容詞用法と考えて「私と会うためのオーストラリア」とすると意味が通じませんね。そこで、「私に会うために」という目的の意味を表す副詞用法として使われていると考えると、「私に会うために来た」という意味だとわかります。to 不定詞が出てきたら、使われている位置と文脈から用法と意味を判断するようにしましょう。

基本構造に迫る

1 over the salad は、「どこにドレッシングをかけるか」という動詞 poured の説明をするはたらきをしています。動詞を修飾するのは副詞なので、この〈前置詞＋名詞〉は副詞句として使われているとわかります。

I poured dressing <**over** the salad>.

正解 私はサラダにドレッシングをかけた。

2 be 動詞の後に in good financial condition という〈前置詞＋名詞〉が来ています。主語の The company と in good financial condition の関係を見ると、in good financial condition が The company の状態を説明しています。そこで、in good financial condition は文の補語になる形容詞句として使われているとわかります。

The company is (**in** good financial condition).

正解 その会社はよい財務状況にある。

3 You should study という SV の後に、study の様態を表す副詞 hard に続けて to pass the exam が来ています。この to 不定詞は、study という動詞の〈目的〉を説明しています。したがって、to pass the exam は副詞用法で使われているとわかります。

You should study hard <**to** pass the exam>.

正解 あなたは試験に合格するために一生懸命に勉強するべきだ。

057 Smartphones put a world of information at our fingertips.

＊ fingertips 名 指先

下線部のはたらきに注意して、この文を日本語に直しましょう。

- Smartphones put まで読んだところで、Smartphones が主語、put が述語動詞と考えます。Smartphones は無冠詞の複数形なので、〈総称〉を表しています。put はふつう他動詞として使われるので、この後に名詞が続くと予測して読み進めましょう。

- put の後の a world of information は、〈A of B〉の形になっているので、1つの名詞としてとらえましょう。a world は、不定冠詞の a が付いていることに注目しましょう。この場合、world は「(個人が見たり体験したりする) 世界、領域」という意味を表します。「(個人が体験する) 情報の世界」という意味になりますが、a world of A で「非常に多くの」という意味もあるので、「非常に多くの情報」ととらえてもよいでしょう。

ちなみに world は、「世界」という基本的な意味をもとにして、さまざまな意味を表すことができます。たとえば、the world of sports「スポーツ界」のように「(ある特定の) 社会、～界」という意味を表すことができます。また、a better world「よりよい社会」のように「世の中、社会」という意味にもなります。単に「world = 世界」と考えるのではなく、文脈をふまえて適切な意味でとらえるようにしましょう。

- information の後に at our fingertips という場所を表す〈前置詞＋名詞〉が出てきました。put には「～をもたらす」という意味があり、ここではこの意味で使われています。at our fingertips は、「情報をどこにもたらすか」という動詞を説明するはたらきをしているので、副詞句だとわかります。

ちなみに 動詞の put は、基本的に〈put + O +場所〉の形をとります。put が出てきたら、後に目的語になる名詞に続いて場所を表す副詞 (句) が来ると予測して読むとよいでしょう。

- at our fingertips は「指先に」という意味ですが、「手元に」ととらえてもよいでしょう。put a world of information at our fingertips は「私たちの手元に世界中の情報をもたらす」という意味になりますが、「小さな指先」と「非常に大きな情報の世界」という対比の構造になっているととらえるとよいでしょう。

構造 [Smartphones] put a world of information <at our fingertips>.

訳 スマートフォンは、私たちの手元に世界中の情報をもたらしてくれる。

058 Western Canada is now one of the last regions in the world with a significant population of brown bears.

＊Western Canada 名 カナダ西部　significant 形 かなりの、相当な
population 名 個体数　brown bear 名 ヒグマ

下線部のはたらきに注意して、この文を日本語に直しましょう。

- Western Canada is now one of the last regions まで読んだところで、Western Canada が主語、is が述語動詞だとわかります。
- is の後の now は、「今では」という意味の副詞です。時を表す副詞は、ふつう文末に置きますが、文頭や文中に置くこともあることを覚えておきましょう。
- now の後に one of the last regions が続いています。one of は「～のうちの1つ」という意味を表します。last は「最後の」という意味の形容詞で、名詞の regions を修飾しています。「最後の地域の1つ」という意味で、この部分が is の補語になります。
- regions の後の in the world は、〈前置詞＋名詞〉の形で直前の名詞 the last regions を修飾しています。名詞を修飾するのは形容詞なので、in the world は形容詞句だとわかります。「世界最後の地域」という意味になります。
- world の後に with a significant population of brown bears が続いています。a significant population of brown bears は〈A of B〉の形になっているので、1つの名詞として考えると、with 以下は〈前置詞＋名詞〉の形になっています。「かなりの個体数のヒグマがいる」という意味になりますが、この〈前置詞＋名詞〉は何を修飾しているのでしょうか。
- with は「～がある」という〈所有〉の意味を表し、with ... brown bears は the last regions を修飾する形容詞句になっています。ここでは、ヒグマがいる地域を説明していて、「かなりの個体数のヒグマがいる（世界の）最後の地域」という意味になります。

構造
Western Canada is now one of the last regions (in the world) (with a significant population of brown bears).

訳 カナダ西部は今では、かなりの個体数のヒグマがいる世界最後の地域の1つである。

音声 Theoria Basic_059.mp3

059 Scientists recommend using binoculars or a telescope to get a clearer view of the Comet NEOWISE.

* binoculars 名 双眼鏡　telescope 名 望遠鏡　the Comet NEOWISE 名 ネオワイズ彗星（赤外線観測衛星 NEOWISE によって発見された長周期彗星）

下線部のはたらきに注意して、この文を日本語に直しましょう。

- Scientists recommend まで読んだところで、Scientists が**主語**、recommend が**述語動詞**と考えます。recommend は**他動詞**なので、後に名詞が来ると予測しながら読み進めます。

- recommend の後に using binoculars or a telescope が出てきました。using は、recommend の目的語の位置に来ているので、**動名詞**と考えます。「双眼鏡や望遠鏡を使うことを推奨する」という意味になります。

ちなみに 「〜するのを勧める」は recommend *doing* で表します。recommend の直後に to 不定詞を続けることはできないので注意しましょう。

- telescope の後に to get a clearer view という **to 不定詞**が出てきました。まずは直前の名詞を修飾する〈形容詞用法〉と考えてみましょう。すると、「惑星をよりはっきり見るための双眼鏡や望遠鏡」という意味になりますが、これだと特定の双眼鏡や望遠鏡だけが惑星を見られることになってしまいます。そこで、この to 不定詞は using を修飾する**〈副詞用法〉**だと読みを修正します。すると、「惑星をよりはっきりと見るために使う」となり、この読み方でよいことがわかります。

- a clearer view of the Comet NEOWISE は、**〈A of B〉**の形になっているので、1つの名詞として考えます。a clearer view は、clear が**比較級**になっているので、「よりはっきりとした眺め」という意味になります。to get 以下は「ネオワイズ彗星のよりはっきりとした眺めを得るために」という意味になりますが、「ネオワイズ彗星をよりはっきりと見るために」などととらえるとよいでしょう。

構造

[Scientists] recommend using binoculars or a telescope <to get a clearer view of the Comet NEOWISE>.

訳 科学者たちは、ネオワイズ彗星をよりはっきりと見るために、双眼鏡か望遠鏡を使うことを推奨している。

060 People in ancient Egypt applied oils and creams to their skin to protect themselves from the hot sun and dry winds of the desert.

下線部のはたらきに注意して、この文を日本語に直しましょう。

- People in ancient Egypt applied まで読んだところで、People in ancient Egypt が主語、applied が述語動詞と考えます。in ancient Egypt は、〈前置詞＋名詞〉の形で People を修飾する形容詞句になっています。

- applied の後の oils and creams は、applied の目的語になっています。 apply には〈apply A to B〉で「A を B にあてはめる」「A を B に塗る」という意味があるので、oils and creams の後に〈to ＋名詞〉が来ると予測して読み進めます。

- oils and creams の後に to their skin が続いています。予測どおり〈to ＋名詞〉が出てきました。〈apply A to B〉の A に oils and creams、B に their skin が来ているので、「塗る」の意味で用いられているとわかります。「オイルやクリームを肌に塗る」という意味になります。

  ちなみに　apply には「あてはめる」「塗る」以外にも、apply eye drops in one's eyes「目に目薬をさす」や、apply the brake(s)「ブレーキをかける」など、さまざまな意味があります。辞書で意味と用例を確認しておきましょう。

- skinの後にto protect themselves というto不定詞が出てきました。このto不定詞は、直前の名詞を修飾する〈形容詞用法〉と考えることもできますが、ここでは文脈から、「肌にオイルやクリームを塗る」目的を表す〈副詞用法〉として使われていると考えましょう。themselves は people in ancient Egypt を指しています。

- themselves の後に from the hot sun and dry winds of the desert が出てきました。protect には〈protect A from B〉で「A を B から守る、保護する」という意味があります。「彼ら自身を砂漠の熱い日光や乾いた風から守る」という意味になります。

構造

[People] (in ancient Egypt) applied oils and creams <to their skin> <to protect themselves <from the hot sun and dry winds of the desert>>.

訳 古代エジプトの人々は、砂漠の熱い日光や乾いた風から身を守るために、オイルやクリームを肌に塗っていた。

18 文に組み込まれたSVをとらえる（1）

下線部のはたらきに注意して、次の文を日本語に直しましょう。

1 The fact is that children love watching TV.

2 He received the news that his sister had returned to Japan.

3 We will call you before we leave.

基本構造を知る　接続詞のはたらき

句と節の違い

2語以上のかたまりで1つの品詞と同じ役割をするものを〈句〉ということは、第1課で学びました。２語以上のかたまりで1つの品詞と同じ役割をするものには、〈句〉以外に〈節〉というものがあります。まずは句と節の違いについて確認しておきましょう。

句：〈主語＋動詞〉を含まない2語以上の意味のかたまり

節：〈主語＋動詞〉を含む2語以上の意味のかたまり

ここでは、節を作るはたらきをもつ接続詞について見ていきます。

接続詞の種類とはたらき

接続詞には、等位接続詞と従属接続詞があります。

① 等位接続詞：語と語、句と句、節と節を対等な関係で結びつけるはたらきをします。

My father came home **and** we had lunch together.

節　節

（父が帰宅して、私たちはいっしょに昼食をとった）

② 従属接続詞：文の中に組み込まれたり、情報を加えたりするはたらきをします。中心となる〈主語＋動詞〉をもつ部分を〈主節〉、従属接続詞で始まり、主節に組み込まれたり情報を加えたりする部分を〈従属節〉といいます。従属節は、主節との関係でさまざまな意味を表し、英文を読み解く時のカギになるので、ここでしっかりと確認しましょう。

従属接続詞に導かれる節のはたらき

従属節は、〈接続詞＋主語＋動詞 ...〉の形で、文中で名詞や副詞のはたらきをします。名詞のはたらきをする節を〈名詞節〉、副詞のはたらきをする節を〈副詞節〉といいます。

① **名詞節**：文中で主語・補語・目的語になったり、名詞の直後に置かれて名詞の内容を説明したりします。名詞の内容を説明する節は、名詞と〈同格〉の関係になっています。

He promised **that** he would be back by noon.（彼は正午までに戻ると約束した）
主節　従属節：promised の目的語

I didn't know the fact **that** she is a doctor.（私は彼女が医師だという事実を知らなかった）
the fact = that she is a doctor の関係（同格）

② **副詞節**：主節について、〈時〉〈理由〉〈譲歩〉などさまざまな情報を加えます。

I'll let you know **when** she comes back.（彼女が戻ってきたら、あなたにお知らせします）
主節　従属節：主節の〈時〉を説明

基本構造に迫る

1 この文では、that で始まる節は**名詞節**として、SVC の文の **C（補語）**のはたらきをしています。

The fact is [**that** children love watching TV].
S　V　C（名詞節）

正解 実は子供たちはテレビを見るのが大好きだ。

2 この文では、that で始まる節は the news と**〈同格〉の名詞節**になっています。that 節が名詞の内容をくわしく述べるはたらきをしています。

He received the news [**that** his sister had returned to Japan].
S　V　O　the news = that his sister had returned ...の関係（同格）

正解 彼は姉が日本に戻ってきたという知らせを受け取った。

3 この文では、before で始まる節は主節が「いつの出来事なのか」という情報を加える**副詞節**になっています。

We will call you **before** we leave.
主節　従属節：主節が「いつの出来事なのか」という〈時〉の情報を加える

正解 私たちは出発する前にあなたに電話します。

(音声) Theoria Basic_061.mp3

061 The fundamental limitations of machine learning are that the machines need to learn from large volumes of past data.

* fundamental 形 根本的な　limitation 名 限界　machine learning 名 機械学習
volume 名 量

下線部のはたらきに注意して、この文を日本語に直しましょう。

- The fundamental limitations of machine learning は、〈A of B〉の形になっているので、1つの名詞としてとらえます。fundamental は「根本的な」という意味の形容詞で、名詞 limitations を修飾しています。「機械学習の根本的な限界」という意味になります。

- machine learning の後に are が出てきたところで、The fundamental limitations of machine learning が主語、are が述語動詞だとわかります。be 動詞が are になっているのは、名詞句の中心である limitations を受けているからです。

- are の後に、that に続けて the machines need という〈主語＋動詞〉が出てきたところで、that は従属接続詞だと考えます。that で始まる節は、are の補語になる名詞節になっています。

- the machines need の後に to learn という to 不定詞が出てきました。need には〈need to *do*〉(～することが必要だ、～する必要がある) という形があることを知っていれば、この to learn は need の目的語になる〈名詞用法〉として使われているとわかります。「その機械は学ぶ必要がある」という意味になります。

- learn の後に from large volumes of past data が続いています。from は「～から」という意味の前置詞なので、後に名詞が続きます。

- large volumes of は「大量の～」「大規模の～」という意味を表します。past data の past は、「過去の」という意味の形容詞です。「大量の過去のデータから学習する」という意味になります。

構造

The fundamental limitations of machine learning are [that the machines need [to learn 〈from large volumes of past data〉]].

訳 機械学習の根本的な限界は、機械が大量の過去のデータから学習する必要があることだ。

062 The belief that the future will be much better than the past and the present is known as "the optimism bias."

* the optimism bias 名 楽観性バイアス（根拠なく自分には不幸が起こりにくいと思うこと）

下線部のはたらきに注意して、この文を日本語に直しましょう。

- The beliefの後にthat the future will be much betterが出てきました。that以下は〈関係代名詞節〉と〈同格のthat節〉の可能性がありますが、the futureが主語、will beが動詞、much betterが補語というSVCの形になっていて、欠けている要素がないので、thatは関係代名詞ではなく**従属接続詞**だと考えます。名詞の直後にthat節が来ているので、名詞と**〈同格〉**の関係になる**名詞節**だと判断します。The beliefを受ける述語動詞がどこに出てくるか、考えながら読み進めます。

- much betterは、muchという**副詞**がbetterという**比較級の形容詞**を強調しています。「ずっとよい」という意味になります。何と比較しているのか考えながら読み進めます。

- thanの後にthe past and the presentが出てきたところで、前に出てきたmuch betterという比較級のことを思い出しましょう。**〈比較級＋than ～〉**という形になっていて、the futureとthe past and the presentが比較されているとわかります。「未来は過去や現在よりもずっとよくなるだろう」という意味になります。

- the past and the presentのあとにis knownという動詞が出てきました。ここで、the presentまでがthat節だとわかります。The beliefが**主語**、that ... the presentがThe beliefの内容を説明する**同格の名詞節**で、is knownが**述語動詞**になっています。主語の後に同格の名詞節が来ていて、主語と述語動詞の関係がわかりにくくなっているので、構造をしっかりととらえるようにしましょう。

- is known as "the optimism bias"のasは、「～として」という意味の前置詞です。〈be known as ～〉は「～として知られている」という意味です。「『楽観性バイアス』として知られている」という意味になります。

構造

The belief [that the future will be much better <than the past and the present>] is known <as "the optimism bias.">

訳 未来は過去や現在よりもずっとよくなるだろうという確信は、「楽観性バイアス」として知られている。

音声 Theoria Basic_063.mp3

063 Sometimes traditional farming methods cannot produce enough food while the population is growing fast.

下線部のはたらきに注意して、この文を日本語に直しましょう。

- 文頭のSometimesは「時には」という意味の**副詞**です。時を表す副詞が文頭に置かれると、文全体を修飾します。直後のtraditionalを修飾していると読み違えないようにしましょう。

- Sometimesの後にtraditional farming methodsが出てきました。traditionalは「伝統的な」「従来の」の意味の**形容詞**です。farming methodsは、farming「農業」とmethod「方法」の2つの名詞を続けて1つの意味になる**複合名詞**としてとらえます。

- traditional farming methodsの後にcannot produceが出てきたところで、traditional farming methodsが**主語**、cannot produceが**述語動詞**とわかります。「従来の農法は生産することができない」という意味になります。produceの目的語、つまり「何を生産することができないのかな?」と考えながら読み進めましょう。

- cannot produceの後のenough foodは、「十分な食料」という意味です。これがcannot produceの**目的語**で、「十分な食料を生産できない」という意味になります。

- foodの後のwhileは**従属接続詞**で、「～する間」「～する一方で」という意味を表します。この後に主語と動詞が続くと考えながら読み進めましょう。

- the population is growing fastは、the populationが**主語**、is growingが**述語動詞**です。fastは「急速に」という意味の**副詞**で、is growingを修飾しています。

- 主節とwhileで始まる節の関係を見てみると、「十分な食料を生産できない」のに対して「人口は急速に増加している」という**〈対比〉**の関係になっています。したがって、このwhileは「～する一方で」の意味で、while節は主節に情報を加える**副詞節**だとわかります。

構造

<Sometimes> [traditional farming methods] cannot produce enough food

<while [the population] is growing fast>.

訳 時には、人口が急速に増加している一方で、従来の農法では十分な食料を生産できないことがある。

064 That the sounds of blue whales seem simple might suggest they are unchanging across generations.

* blue whale 名 シロナガスクジラ　unchanging 形 変化のない、不変の

下線部のはたらきに注意して、この文を日本語に直しましょう。

- That the sounds で文が始まっています。the sounds という名詞の前に that が来ていますが、限定詞と冠詞はいっしょに用いることができないので、この that は接続詞で名詞節を作り、〈That S' + V' ～ V ...〉と展開することを予測します。
- the sounds of blue whales は〈A of B〉の形になっているので、1つの名詞として考えましょう。「シロナガスクジラの鳴き声」という意味になります。
- blue whales の後に seem simple が出てきたところで、the sounds of blue whales が that 節内の主語、seem が述語動詞、simple が補語だと考えます。
- seem simple の後に might suggest という動詞が出てきました。ここで、冒頭の that は従属接続詞で、simple までが that 節になっていると考えます。この that 節は、might suggest の主語になる名詞節になっています。that 節が主語になっている時は、主語と述語動詞の関係をしっかりととらえましょう。
- might suggest の後に they are unchanging という〈主語＋動詞〉が出てきました。suggest には〈suggest + that 節〉で「～ということを示唆する」という意味がありますが、この形では that が省略されることがあります。ここでも、that が省略されて〈主語＋動詞〉が suggest の直後に続く形になっていることに注意しましょう。
- they are unchanging は、they が主語、are が述語動詞、unchanging が補語になっています。they は the sounds of blue whales を指しています。進行形のように見えますが、unchange という動詞はなく、unchanging は形容詞になります。
- across generations は「世代を超えて」という意味の前置詞句で、are unchanging を修飾する副詞のはたらきをしています。

構造

[That the sounds of blue whales seem simple] might suggest [(that) they are unchanging <across generations>].

訳 シロナガスクジラの鳴き声が単純に思えるということは、それらが世代を超えて変わらないということを示唆しているのかもしれない。

19 文に組み込まれたSVをとらえる（2）

下線部のはたらきに注意して、次の文を日本語に直しましょう。

1 Students who take the course have to read this book.

2 The restaurant which we found was closed.

3 Bob was a boy whose hobby was painting.

基本構造を知る　関係詞のはたらき

節を作るものには、接続詞のほかに関係詞（関係代名詞・関係副詞）があります。ここでは、関係詞で始まる節（関係詞節）のはたらきについて確認しておきましょう。

関係詞節のはたらき

関係詞は、〈主語＋動詞〉を含む意味のかたまり（節）を作り、名詞の直後に置いて、名詞について説明します。この時、関係詞節によって説明される名詞を〈先行詞〉といいます。本書では、関係代名詞をもとに関係詞節のはたらきについて確認します。

I know [a girl] **who** likes music.（私は音楽が好きな女の子を知っている）

先行詞　関係詞節

関係詞は、先行詞と節の内容を結びつけるのと同時に、節の中で主語、目的語または所有格のはたらきをします。上の文では、who が節の中で主語のはたらきをしています。関係代名詞は、先行詞と節の中でのはたらきによって次のように使い分けます。

	主格	目的格	所有格
先行詞が人	who	who, whom	whose
先行詞がもの・こと	which	which	whose
先行詞が人・もの・こと	that	that	

関係詞節と接続詞節の違い

「名詞の直後に置いて、名詞について説明する」という点では、関係詞節は第18課で学んだ同格を作る接続詞節と同じですね。それでは、関係詞節と接続詞節では何が違うのでしょうか。それは、関係詞は節の中で文の要素の一部になっているという点にあります。例文をもとに確認しましょう。

① **接続詞節**：名詞とそれを説明する節をつなぐ〈同格〉のはたらきをしていて、接続詞の後にはそれだけで成り立つ文が続きます。

I didn't know the fact **that** she is a doctor.（私は彼女が医師だという事実を知らなかった）

接続詞節：that を除いても欠けている要素がない

② **関係詞節**：関係詞が節の中で主語、目的語または所有格のはたらきをしているので、関係詞節から**関係詞を除くと、欠けている要素がある不完全なかたちになります。**

I'm reading the book **that** I borrowed from the library.

関係詞節：that は節中の borrowed の目的語のはたらき

（私は図書館で借りた本を読んでいる）

基本構造に迫る

1 who で始まる関係詞節は、主節の主語の Students を修飾しています。関係代名詞の who は、節中で**主語のはたらき**をしています。

Students (**who** take the course) have to read this book.

関係詞節：who は節中の主語のはたらき

正解 そのコースを取る生徒はこの本を読まなければならない。

2 which で始まる関係詞節は、主節の主語の The restaurant を修飾しています。関係代名詞の which は、節中で動詞 found の**目的語のはたらき**をしています。

The restaurant (**which** we found) was closed.

関係詞節：which は節中の found の目的語のはたらき

正解 私たちが見つけたレストランは閉まっていた。

3 whose で始まる関係詞節は、主節の補語の a boy を修飾しています。関係代名詞の whose は、節中の主語の hobby に付く**所有代名詞のはたらき**をしています。

Bob was a boy (**whose** hobby was painting).

関係詞節：whose は節中の hobby に付く所有代名詞のはたらき

正解 ボブは絵を描くのが趣味の少年だった。

(音声) Theoria Basic_065.mp3

065 A little girl <u>who looked about four or five</u> was absorbed in eating ice cream.

* absorbed 形 夢中になって

下線部のはたらきに注意して、この文を日本語に直しましょう。

- A little girl の後に who looked が続いています。A little girl という名詞と looked という動詞の間に who が来ているので、who looked 以下は A little girl を説明していると考えます。〈主語＋who V'〜述語動詞〉と展開すると予測しながら読み進めます。

- who looked about four or five was まで読んだところで、who looked about four or five が関係詞節になっていると判断します。関係詞節内に動詞が出てきた後、もう一度別の動詞が出てきたところに節の切れ目があると考えましょう。who は節中で主語のはたらきをする**主格の関係代名詞**だととらえ、who が**主語**、looked が who を受ける**動詞**、about four or five が**補語**と考えます。about four or five は、人のことを説明しているので、「4歳か5歳くらい」ととらえましょう。

(ちなみに) four or five は、four or five years old の years old が省略された形になっています。ここでは、人の年齢のことを言っていることが明らかなので、「〜歳」を表す years old が省略されています。

- was の前までが関係詞節だとわかったところで、A little girl が**主語**、was が**述語動詞**で、who looked about four or five は A little girl を修飾する**関係詞節**だと判断できます。主語の後に関係詞節が続いていることで、主語と述語動詞の関係が見抜きにくくなっているので、構造をしっかりととらえるようにしましょう。

- was absorbed in の absorbed は、「夢中になって」という意味の**形容詞**です。in は「〜に」という意味の**前置詞**なので、後に名詞が続きます。

- in の直後の eating ice cream の eating は、前置詞の後に来ていて、直後の ice cream を修飾していないので、**動名詞**だとわかります。was absorbed in eating ice cream は「アイスクリームを食べることに夢中だった」という意味になります。

構造: [A little girl] (who looked about four or five) was absorbed <in eating ice cream>.

訳 4、5歳くらいに見える小さな女の子はアイスクリームを食べるのに夢中だった。

音声 Theoria Basic_066.mp3

066 Fossil evidence points to the ways which we have gradually changed.

＊fossil 形 化石の　gradually 副 徐々に

下線部のはたらきに注意して、この文を日本語に直しましょう。

- Fossil evidence の fossil は、「化石の」という意味の形容詞で、「証拠」という意味の名詞 evidence を修飾しています。「化石の証拠」という意味になります。
- points to the ways の points は、Fossil evidence という名詞の後に来ているので、動詞としてとらえましょう。Fossil evidence が主語、points が述語動詞になります。主語が3人称単数扱いの不可算名詞なので、point に -s が付いています。
- point to は「〜を示す」という意味を表します。この to は前置詞なので、後に the ways という名詞が来ています。the ways は「方法、やり方」という意味です。
- the ways の後に which we have gradually changed が出てきました。which は、the ways という名詞の直後に来ているので、関係代名詞と考えます。すると、後に we have gradually changed という〈主語＋動詞〉が続いているので、関係代名詞で問題なさそうです。
- we have gradually changed は、〈have ＋過去分詞〉の現在完了になっています。change には「〜を変える」という他動詞の意味と「変わる」という自動詞の意味があります。change を辞書で確かめてみましょう。ここではどちらの意味で用いられているでしょうか。
- changed の後には何も続いていないので、自動詞のように見えます。しかし、ここで関係代名詞は節の中で文の要素の一部になるということを思い出しましょう。すると、which は目的格の関係代名詞で、changed の目的語になっていると考えられます。which の先行詞は the ways なので、「私たちが徐々に変えてきた方法」という意味になります。the ways は、ここでは「生き方」「生活様式」という意味で使われています。

構造 [Fossil evidence] points <to the ways (which [we] have gradually changed)>.

訳 化石の証拠が、私たちが徐々に変えてきた生活様式を示している。

(音声) Theoria Basic_067.mp3

067 The population of Canadians whose first language is neither English nor French has reached over five million.

* first language 名 第一言語、母語

下線部のはたらきに注意して、この文を日本語に直しましょう。

- The population of Canadians の後に whose が続いています。whose は Canadians を先行詞とする関係代名詞ではないかと考え、〈主語 whose + V' 〜述語動詞〉という形を予測します。

- whose の後に first language is という〈主語＋動詞〉が出てきました。ここで、whose は**所有格の関係代名詞**で、first language を修飾していると判断できます。

- is の後の neither English nor French は、〈**neither A nor B**〉(A でも B でもない) という形で、is の**補語**になっています。ここまでは、「第一言語が英語でもフランス語でもないカナダ人の人口」という意味になります。

- French の後に has reached という動詞が出てきたところで、The population of Canadians が**主語**、has reached が**述語動詞**で、whose から French までは Canadian を修飾する**関係詞節**だとわかります。065 でも見たように、〈主語＋関係詞節＋述語動詞〉という構造になっている場合、主語と述語動詞が離れていることを意識することが大切です。関係詞節の構造をしっかりととらえて、主語と述語動詞を正しく見抜けるようにしましょう。

- has reached は〈**have ＋過去分詞**〉の**現在完了**になっていることに注目しましょう。人口が増え続けて、ある数値に達したという〈**結果**〉を表していると考え、この後に到達した数値が出てくると予測して読み進めます。

- has reached の後に over five million という数字が出てきました。これが reach の**目的語**になる到達した数値だとわかります。「500万人以上に到達した」という意味になります。

構造

The population of Canadians (whose first language is neither English nor French) has reached over five million.

訳 第一言語が英語でもフランス語でもないカナダ人の人口は、500万人以上に到達した。

068 The people <u>who are concerned about future robots</u> fear that developing robotics technology will lead to human society's destruction.

* robotics 名 ロボット工学

下線部のはたらきに注意して、この文を日本語に直しましょう。

- The people の後に who are concerned が続いています。who は The people を先行詞とする関係代名詞で、「心配している人たち」という意味になるのではないかと考えます。〈主語＋関係詞節＋述語動詞〉という構造を意識しながら読み進めます。
- who の後には are concerned が続いています。concerned は「心配する」という意味の形容詞です。ここで、who は主格の関係代名詞だと考え、who が主語、are が who を受ける動詞、concerned が補語ととらえます。
- 〈be concerned about〉は「～について心配する」という意味です。about は前置詞で、ここでは future robots という名詞が続いています。
- robots の後に fear という動詞が出てきたところで、The people が主語、fear が述語動詞で、who から robots までは The people を修飾する関係詞節だと判断します。
- fear の後に that が出てきました。fear は〈fear + that 節〉で「～を恐れている」という意味を表すので、後に〈S＋V〉で恐れている内容が示されると考えて読み進めます。
- that の後の developing robotics technology は、developing を動名詞としてとらえます。「ロボット工学技術を発展させること」という意味になります。
- developing robotics technology の後に will lead という動詞が出てきたところで、developing robotics technology が that 節内の主語、will lead が動詞と考えます。
- lead to（～につながる）の to は前置詞で、human society's destruction という名詞が続いています。「人間社会の破壊につながる」という意味になります。

構造

[The people] (who are concerned <about future robots>) fear [that [developing robotics technology] will lead <to human society's destruction>].

訳 未来のロボットについて心配している人たちは、ロボット工学技術を発展させることが人間社会の破壊につながることを恐れている。

20

主語の前にある要素を見抜く（1）

文の主語と述語動詞が何かに注意して、次の文を日本語に直しましょう。

1 Long, long ago, there lived an old man and his wife in a village.
2 After her arrival, he called her to his office.
3 While I was cooking dinner, my sons came home.

基本構造を知る　**副詞（句・節）で文が始まる場合**

英語の文は、「誰が」にあたる主語で始まり、主語になるのは名詞でしたね。しかし、名詞以外の要素から始まる文もあります。その要素は、イントロとして話題を導入するはたらきをします。ここで、主語の前に来る要素について整理しましょう。

イントロ	だれ・なに	する（です）	だれ・なに	どこ	いつ
名詞句以外	名詞	動詞	名詞 形容詞	副詞（句）	副詞（句）

副詞（句）で文が始まる場合

時や場所を表す副詞（句）は、ふつう文末に置きますが、文の先頭に置かれることもあります。その場合、副詞（句）は場面の設定をするはたらきをします。文が副詞（句）で始まっていたら、「ここから新しい話題が始まるのだな」と考えながら読み進めましょう。

Last week we went camping.（先週、私たちはキャンプに行った）

ちなみに　文頭の副詞句のはたらきは、〈曲〉をイメージするとわかりやすいかもしれません。まずイントロ（＝副詞句）が流れて曲の雰囲気を伝え、その後にメインの歌詞（＝主語＋動詞）が出てくるという流れが、文頭の副詞句が場面を設定する流れとどことなく似ていますね。

〈前置詞＋名詞〉で文が始まる場合

〈前置詞＋名詞〉が時や場所を表す副詞句として使われる場合も、副詞（句）と同じように文の先頭に置かれ、場面の設定をするはたらきをすることがあります。

In 1603 Edo shogunate was founded.（1603年に江戸幕府が開かれた）

副詞節で文が始まる場合

従属接続詞で始まる節が副詞のはたらきをする〈副詞節〉は、ふつう主節の後に置きますが、時・条件などを表す副詞節が主節の前に置かれることもあります。この場合、副詞節はイントロのはたらきをしています。副詞節を主節の前に置く場合、原則として副詞節の直後、主節の直前にコンマを置きます。したがって、文が接続詞から始まっている場合は、「副詞節が主語の前に来ているのだな」と考えながら読み進め、コンマが出てきたところで「ここで副詞節が終わり、次に主語が出てくるぞ」と判断するとよいでしょう。

When he was a child, his family moved to Tokyo.
= His family moved to Tokyo **when** he was a child.
(彼が子供の時、家族は東京に引っ越した)

基本構造に迫る

1 Long, long ago という副詞句で文が始まっています。イントロが流れてきましたね。昔のことだということを頭に入れて、「何が展開するのだろう?」と考えながら読み進めると、コンマに続いて there lived が出てきて、ここからメインとなる主節が始まるとわかります。

Long, long ago, there lived [an old man and his wife] 〈in a village〉.
副詞句 there V S

正解 昔々、ある村におじいさんとその妻が住んでいました。

2 After her arrival という〈前置詞＋名詞〉で文が始まっているので、「到着後に何があったのだろう?」と考えながら読み進めます。すると、コンマに続いて he calls という〈主語＋動詞〉が出てくるので、ここからメインとなる主節が始まるとわかります。

After her arrival, [he] called her <to his office>.
〈前置詞＋名詞〉 S V O

正解 彼女が到着した後、彼は自分の事務所に彼女を呼んだ。

3 接続詞の While で始まる節で文が始まっています。「夕食を作っている間に何が起きたのだろう?」と考えながら読み進めます。すると、コンマに続いて my sons came という〈主語＋動詞〉が出てくるので、ここからメインとなる主節が始まるとわかります。

While I was cooking dinner, [my sons] came home.
副詞節

正解 私が夕食を調理している間に、息子たちは帰宅した。

第1章 第2章 第3章 第4章 第5章 第6章 第7章 第8章 第9章 第10章

(音声) Theoria Basic_069.mp3

069 Just a few hundred years ago, most Europeans thought that the sun moved around the Earth.

文の主語と述語動詞が何かに注意して、この文を日本語に直しましょう。

- Just a few hundred years ago は「ほんの数百年前に」という意味の**副詞句**で、イントロとして**文全体の場面設定のはたらき**をしています。**副詞句は主語にはならない**ので、この後に主語になる名詞が来ると考えます。数百年前という過去のことを表しているので、述語動詞は過去形になっているのではないかと予測して読み進めましょう。

(さらに) 時間的に前であることを表す副詞の ago は、原則として過去形とともに使います。〈現在の状況〉を表す現在完了とともに使うことはできないので注意しましょう。同じように過去形とともに使う副詞には、yesterday、then、last week などがあります。

(ちなみに) just a few は「ほんの少しの」という意味です。同じ意味を表すものに only a few があります。これに対して、quite a few は「かなりの」「たくさんの」という意味になります。同じ a few を使っていますが、意味が異なるので注意しましょう。

- ago の後に most Europeans thought が出てきたところで、most Europeans が**主語**、thought が**述語動詞**だとわかります。最初に予測したとおり、動詞が過去形になっていますね。この後に、数百年前にヨーロッパの人たちが考えていた内容について、言及される可能性があることを頭に入れながら読み進めます。

- thought の後に that the sun moved が出てきました。この that は、後に the sun moved という〈主語+動詞〉が続いているので、**従属接続詞**だとわかります。that で始まる節は、thought の目的語になる**名詞節**になっています。

- moved の後の around the Earth は、〈**前置詞+名詞**〉の形になっています。around は「～の周りを」という意味で、この〈前置詞+名詞〉は動詞 moved を修飾する**副詞のはたらき**をしています。「太陽が地球の周りを回っている」という意味になります。

構造	<Just a few hundred years ago>, most Europeans thought [that the sun moved <around the Earth>].

訳 ほんの数百年前、ほとんどのヨーロッパ人は、太陽が地球の周りを回っていると考えていた。

070 Before the invention of the printing press, only a few learned monks and scholars could read and write.

* printing press 名 印刷機　monk 名 修道士　scholar 名 学者

文の主語と述語動詞が何かに注意して、この文を日本語に直しましょう。

- 最初に Before the invention of printing press が出てきました。before には前置詞と接続詞の用法がありますが、ここでは、the invention of printing press という〈A of B〉の形の名詞が後に来ていて、その後に動詞がないので、**前置詞**とわかります。「印刷機の発明以前に」という意味になります。**〈前置詞 + 名詞〉は主語にはならない**ので、この後に来る名詞が主語になると考えます。

- コンマに続いて only a few learned monks and scholars が出てきました。only a few を主語、learned を述語動詞、monks and scholars を目的語として考えると、「ごく少数の人が修道士や学者を学ぶ」となりますが、これだと違和感がありますね。

- learn のように、**過去形と過去分詞が同じ形の場合、どちらの用法かを判断するのが読解のカギになります**。過去形で考えてみて、意味に違和感がある場合は、名詞を修飾している過去分詞、または過去分詞から派生した形容詞の可能性を考えましょう。

- scholars の後に could read and write が出てきました。ここで、only a few learned monks and scholars が**主語**、could read and write が**述語動詞**だったのだと読みを修正します。learned は、ここでは learn の過去分詞から派生した「教養のある」という意味の**形容詞**だと考えます。 形容詞の learned は / lə́ːrnɪd / と発音します。

- read and write で文が終わっていることに注目しましょう。read と write はふつう他動詞として使われますが、ここでは後に目的語がないので、**自動詞**として使われているとわかります。read and write は「読み書きをする」という意味なので、「読み書きができなかった」という意味になります。

構造
<Before the invention of the printing press>, [only a few learned monks and scholars] could read and write.

訳 印刷機が発明される以前は、ごく少数の教養のある修道士や学者しか読み書きができなかった。

音声 Theoria Basic_071.mp3

071 During the time of the Maya and Aztec civilizations, cacao is believed to have been turned into a special drink reserved for kings and aristocrats.

* the Maya and Aztec civilizations 名 マヤ文明とアステカ文明　cacao 名 カカオ
reserve 動 ～を取っておく　aristocrat 名 貴族

文の主語と述語動詞が何かに注意して、この文を日本語に直しましょう。

- During the time of the Maya and Aztec civilizations は〈前置詞＋名詞〉の**副詞句**で、イントロとして「マヤ文明とアステカ文明の時代には」という場面設定をしています。

- コンマの後に cacao is believed が出てきたところで、cacao が**主語**、is believed が**述語動詞**だと考えます。動詞が is という**現在形**になっているので、一般論を表して「(その当時ではなく今) 信じられている」という意味になります。

- is believed の後に to have been turned という **to 不定詞**が出てきました。believe には**〈believe O to *do*〉**で「O が～すると信じる」という意味があるので、ここは O にあたる cacao を主語にした受動態になっていると考えます。

- to have been turned は**〈to have+ 過去分詞〉**という**完了形**になっています。**to 不定詞の完了形は、述語動詞より前の出来事であることを表します。**「信じられている」今ではなく、文頭の副詞句にある「マヤ文明とアステカ文明の時代」のことを表しています。

- turned の後に into a special drink が続いています。turn には**〈turn A into B〉**で「A を B に変える」という意味があるので、ここは A にあたる cacao を主語にした受動態になっていると考えます。「カカオは特別な飲み物に変えられた」という意味になります。

- a special drink の後の reserved for kings and aristocrats の reserved は**過去分詞**で、直前の名詞 a special drink を後ろから修飾する**形容詞のはたらき**をしています。**〈reserve A for B〉**で「A を B のために取っておく」という意味があるので、「王や貴族のために取っておかれる特別な飲み物」という意味になります。

構造

<During the time of the Maya and Aztec civilizations>, [cacao] <u>is believed</u> <to have been turned <into a special drink (reserved for kings and aristocrats)>.

訳 マヤ文明とアステカ文明の時代には、カカオは、王や貴族のために取っておかれる特別な飲み物に変えられたと信じられている。

072 Even when bilingual children are only using one of their two languages, they have access to the other language.

* bilingual 形 2か国語を話す、バイリンガルの　have access to　～を利用する

文の主語と述語動詞が何かに注意して、この英文を日本語に直しましょう。

- Even when を見たら、後に〈S + V〉が出て来ると予測し、従属節がどこまでかを考えます。すると、one of their two languages まで読んだところでコンマが来ているので、この部分は従属接続詞の when で始まる副詞節だと考えます。even は「～でさえ」という意味の副詞で、when 節全体を強調しています。
- when 節内は、bilingual children が主語、are only using が動詞、one of their two languages が目的語になっています。their は bilingual children を指しています。「バイリンガルの子供が2つの言語のうち1つしか使っていない時でさえ」という意味になります。
- コンマの後の they have access から主節が始まります。they が主節の主語、have が述語動詞です。
- have access の access は「権利、機会」という意味の名詞で、have の目的語になっています。後に to を伴い、〈have access to A〉で「A を利用する」という意味を表します。何を利用するのかがこの後に示されると考えながら読み進めましょう。
- to の後に the other language が出てきました。「もう1つの言語を利用する」という意味になりますが、これはどういうことでしょうか。
- ここで、文頭の副詞節で「バイリンガルの子供が2つの言語のうち1つしか使っていない時でさえ」とあったことを思い出しましょう。そのような時に「もう1つの言語を利用できる」、つまり「もう1つの言語で考えたりすることができる」ということをいっているのだとわかります。

構造

<Even when [bilingual children] are only using one of their two languages>, [they] have access (to the other language).

訳　バイリンガルの子供は、2つの言語のうち1つしか使っていない時でさえ、もう1つの言語を利用できる。

21 主語の前にある要素を見抜く（2）

下線部のはたらきに注意して、次の文を日本語に直しましょう。

1 To buy some vegetables, my mother went to the market.

2 Waiting for the train, I bought a magazine at the kiosk.

基本構造を知る　to 不定詞・*doing* で文が始まる場合

英語の文は、副詞（句・節）以外に、to 不定詞や分詞で文が始まることがあります。その場合、いくつかの用法の可能性があるので、注意が必要です。ここでは、to 不定詞や動詞の ing 形から始まる文について確認していきましょう。

to 不定詞で文が始まる場合

to 不定詞で文が始まる場合、**名詞用法の to 不定詞が主語になっている場合**と、**副詞用法の to 不定詞が文頭に置かれている場合**があります。次の２つの文を比べてみましょう。どちらも To pass the exam という不定詞が文頭に来ていますね。

(1) **To pass** the exam is hard for me.
（試験に合格するのは私には難しい）

(2) **To pass** the exam, you should study hard.
（試験に合格するためには一生懸命勉強するべきだ）

(1) は、to 不定詞の後に is という動詞が来ています。このように、**to 不定詞の直後に動詞が続いている場合**は、主語になる**名詞用法**として使われていると考えます。一方、(2) は to 不定詞の後のコンマに続いて you should study という〈主語＋動詞〉が来ています。このように、**to 不定詞の後に主語となる名詞が続いている場合**は、**副詞用法**の to 不定詞が文頭に置かれていると考えます。

to 不定詞が主語になる場合、主語の位置に形式主語の It を用いて、to 不定詞は後ろに置くのがふつうです。したがって、**文頭に to 不定詞が来ている場合は、まずは副詞用法だと考え、後に動詞が続いていたら名詞用法だと読みを修正する**とよいでしょう。

doing で始まる場合

doing で文が始まる場合、**動名詞**の場合と**現在分詞**の場合があります。次の２つの文を比べてみましょう。

(1) **Listening** to music is my hobby.
（音楽を聴くことは私の趣味です）

(2) **Listening** to music, Noah was lying on the bed.
（ノアは音楽を聴きながらベッドに寝そべっていた）

(1) は、Listening to music の後に is という動詞が来ています。そこで、Listening to music は述語動詞 is に対する主語になる**動名詞**だとわかります。一方、(2) は Listening to music の後にコンマに続いて〈主語＋動詞〉が来ています。そこで、この Listening to music は主節の状況を説明する**副詞のはたらきをする現在分詞**が文頭に置かれているのだとわかります。**文頭に *doing* で始まる句が来ている場合、後に動詞が続いていれば動名詞、〈主語＋動詞〉が続いていれば現在分詞と判断する**とよいでしょう。

ちなみに　(2) の文のように、現在分詞で始まる句が主節にさまざまな意味を加える副詞のはたらきをする形のことを〈分詞構文〉といいます。

基本構造に迫る

1 この文は To buy some vegetables という to 不定詞で始まっています。to 不定詞が文頭にある場合、名詞用法と副詞用法の可能性がありますが、後に my mother went という〈主語＋動詞〉が出てくるので、この to 不定詞は**副詞用法**で、「〜するために」という〈目的〉の意味を表していると判断できます。

To buy some vegetables, my mother went <to the market>.
to 不定詞（副詞用法）　S　V

正解　野菜を買うために、母は市場に行った。

2 この文は Waiting for the train で始まっています。*doing* で始まる句が文頭にある場合、動名詞と現在分詞の可能性がありますが、Waiting で始まる句がコンマで終わり、その後に I bought という〈主語＋動詞〉が出てくるので、Waiting は**副詞のはたらきをする現在分詞**だと判断できます。この現在分詞は、主節の〈時〉の意味を補っています。

Waiting for the train, I bought a magazine <at the kiosk>.
分詞構文（時）　S　V　O

正解　電車を待っている時、私は駅の売店で雑誌を買った。

073 To be successful in this complex world, you need to be curious about everything.

* complex 形 複雑な　　curious 形 好奇心が強い、知りたがる

下線部のはたらきに注意して、この文を日本語に直しましょう。

- 文の最初に To be successful in this complex world という **to 不定詞**が出てきました。successful は「成功した」という意味の**形容詞**です。in this complex world は、〈**前置詞＋名詞**〉の形で be successful を修飾する**副詞のはたらき**をしています。「この複雑な世界で成功する」という意味になります。

ちなみに 〈be successful in A〉は「A で成功する」「A でうまくいく」という意味を表します。同じ意味を、successful の動詞形を使った〈succeed in A〉で表すこともできます。

- world の後にコンマがあります。**文の最初に to 不定詞が来て、コンマで区切られている場合は、副詞用法だと考えて読み進めます。**文頭の to 不定詞が副詞用法の場合は、「～するために」という〈目的〉の意味か「もし～すれば」という〈仮定条件〉の意味のどちらかになることが多いことも念頭に置いておきましょう。

- this complex world の直後にコンマがあり、その後に you need という〈**主語＋動詞**〉が来ています。ここで、To be successful in this complex world は「～するために」という意味の**副詞用法**の to 不定詞が文頭に来たものだと判断できます。

- you need の後に to be curious という **to 不定詞**が出てきました。この to 不定詞は need の**目的語**になる**名詞用法**として使われています。〈**need to *do***〉で「～する必要がある」という意味を表します。

- be curious about everything の curious は、「好奇心が強い」「知りたがる」という意味の**形容詞**です。about everything は〈**前置詞＋名詞**〉の形で be curious を修飾する**副詞のはたらき**をしています。「あらゆることに強い好奇心を示す必要がある」という意味になります。you は〈**総称**〉の意味で使われているので、日本語に訳さなくてよいでしょう。

構造 <To be successful <in this complex world>>, you need [to be curious <about everything>].

訳 この複雑な世界で成功するためには、あらゆることに強い好奇心を示す必要がある。

074 To think critically we must gather abundant information from reliable sources.

* critically 副 批判的に　abundant 形 豊富な　reliable 形 信頼できる

下線部のはたらきに注意して、この文を日本語に直しましょう。

- To think critically の critically は「批判的に」という意味の副詞で、think を修飾しています。「批判的に考える」という意味になります。文の最初に to 不定詞が来ているので、まずは副詞用法だと考えて読み進めましょう。

- critically の直後に we must gather という〈主語＋動詞〉が続いています。ここで、To think critically は「～するために」という意味の副詞用法の to 不定詞だと判断します。To think critically の直後にコンマがないことに注目しましょう。 このように、**文頭の to 不定詞の後に、コンマなしで主節が続くこともあります。**

- we must gather abundant information の abundant は、「豊富な、(あり余るほど)豊かな」という意味の形容詞で、information を修飾しています。「豊富な情報」という意味になります。we が主語、must gather が述語動詞、abundant information が目的語になっていて、「私たちは豊富な情報を集めなければならない」という意味になります。information は不可算名詞なので、複数形にならないことに注意しましょう。

- abundant information の後に from reliable sources が出てきました。from を見たところで、「どのような所から豊富な情報を得るのかな?」と考えながら読み進めます。reliable は形容詞で、名詞の sources を修飾しています。from reliable sources は〈前置詞＋名詞〉の形で動詞の gather を修飾する副詞のはたらきをしています。「信頼できる情報源から収集する」という意味になります。

ちなみに　gather には「ちらばっているものを1つに集める」という意味があり、ここでは、〈gather A from B〉で「A (情報など) を B から収集する」という意味で使われています。動詞の後に続く形は、動詞ごとにパターンがあるので、必ず辞書で確認するようにしましょう。

構造　<To think critically> [we] must gather abundant information <from reliable sources>.

訳　批判的に考えるためには、信頼できる情報源から豊富な情報を収集しなければならない。

(音声) Theoria Basic_075.mp3

075 Returning to the States, I realized my discoveries about American culture were true.

* the States 名 米国、合衆国

下線部のはたらきに注意して、この文を日本語に直しましょう。

文の最初にReturning to the Statesという*doing*で始まる句が出てきました。to the Statesは〈前置詞＋名詞〉の形でReturningを修飾する副詞のはたらきをしています。

the Statesの直後にコンマがあり、その後にI realizedという〈主語＋動詞〉が続いています。ここで、Returning to the Statesは分詞構文を作る現在分詞だと判断できます。この分詞構文は〈時〉を表していると考え、「合衆国に戻ると」ととらえておきましょう。*doing*で文が始まる場合、動名詞の場合と現在分詞の場合がありますが、どちらで使われているかは、後に続く要素を確認してから判断しましょう。

（ちなみに） 分詞構文は、〈理由〉〈時〉〈譲歩〉〈原因〉〈付帯状況〉などの意味を表しますが、たいていは2つのことがらが同時に起きていたり、時間的な前後関係があったり、因果関係で結ばれていたりするような場合に使われます。したがって、まずは分詞構文の部分を「～して」「～で」ととらえてから全体の意味を考えるとよいでしょう。

I realized my discoveries about American cultureのrealizeは「～に気づく」「～を実現する」などの意味の他動詞なので、まずはmy discoveriesをrealizedの目的語と考えて読み進めましょう。about American cultureは、〈前置詞＋名詞〉の形でdiscoveriesを修飾する形容詞のはたらきをしています。

American cultureの後にwere trueが出てきました。my discoveriesを目的語と考えると、were trueの主語がない状態になるので、読みを修正します。realizeには〈realize + that節〉で「～ということに気づく」という意味があります。この場合、thatは省略することができますが、ここでもthatが省略された形になっています。that節内は、my discoveriesが主語、wereが動詞、trueが補語になっています。realizeなどの認識を表す動詞が来たら、後に〈(that) S'＋V'〉が展開することを予測できるようにしましょう。

構造 <Returning to the States>, I realized [(that) my discoveries (about American culture) were true].

訳 合衆国に戻ると、私はアメリカ文化に関する私の発見が真実であることがわかった。

(音声) Theoria Basic_076.mp3

076 <u>Walking around any town in Ireland</u>, you will see two languages on any street sign.

下線部のはたらきに注意して、この文を日本語に直しましょう。

文の最初に Walking around any town in Ireland という **doing で始まる句**が出てきました。around any town は〈**前置詞＋名詞**〉の形で Walking を修飾する**副詞のはたらき**をしています。in Ireland も〈**前置詞＋名詞**〉の形ですが、こちらは名詞の town を修飾する形容詞のはたらきをしています。

in Ireland の直後にコンマがあり、その後に you will see という〈**主語＋動詞**〉が続いています。ここで、Walking around any town in Ireland は**分詞構文を作る現在分詞**だと判断できます。分詞構文はさまざまな意味を表しますが、ここでは any town（どの街でも）という〈条件〉の意味を持つ語句が含まれているので、「アイルランドのどの街を歩いても」という意味だととらえます。「アイルランドの街を歩けば」のようにとらえてもよいでしょう。

you will see two languages は、you が**主語**、will see が**述語動詞**、two languages が**目的語**になっています。「2つの言語を見る」とはどういうことでしょうか。後に続く要素を見てみましょう。

two languages の後に on any street sign が出てきました。「通り」という意味の street と「標識」という意味の sign という2つの名詞が続いているので、**複合名詞**としてとらえると、on any street sign は〈**前置詞＋名詞**〉の形になっていて、動詞の see を修飾する**副詞のはたらき**をしているとわかります。「どの道路標識にも2つの言語を見ることができる」という意味になります。

(ちなみに) アイルランドの公用語はゲール語（アイルランド語）と英語で、道路標識にはこの2つの言語が使われています。今ではほとんどの人が英語を母語としていますが、アイルランド固有の言語であるゲール語を守るために、政府はゲール語教育に力を入れています。

構造 <Walking <around any town (in Ireland)>>, [you] will see two languages <on any street sign>.

訳 アイルランドの街を歩けば、どの道路標識にも2つの言語があるのが目に入ってくる。

22 区別が難しい要素を見抜く (1)

下線部のはたらきに注意して、次の文を日本語に直しましょう。

1 My favorite activity is <u>reading novels</u>.
2 My father is <u>reading a novel</u> now.

基本構造を知る　*doing* のはたらきを見抜く (1)

動詞の ing 形は、〈be 動詞＋ *doing*〉の進行形のほかに、動名詞、形容詞用法の現在分詞、分詞構文（現在分詞の副詞用法）として使われます。見た目は同じ *doing* でも、文法的にはまったく違うふるまいをするので、英文を読む時には注意が必要です。文頭に *doing* が出てきた時の考え方は第21課で学びましたが、ここでは文中に *doing* が出てきた時の考え方について確認していきましょう。

〈be 動詞＋ *doing*〉は進行形か動名詞か

〈主語＋ be 動詞＋ *doing*〉の形は、「主語は～している」という進行形の意味になる場合と、「主語は～することだ」という動名詞の意味になる場合があります。どちらの意味になるかは、主語と *doing* の関係で判断します。まずは次の原則を確認しておきましょう。

① 進行形は、単純時制の文の動詞部分を〈be 動詞＋ *doing*〉にしたものである
※単純時制：進行形でも完了形でもない、ふつうの現在形・過去形
② 動名詞は〈名詞〉として扱われ、be 動詞の後ろに置かれると〈補語〉になり、〈S = C〉の関係が成り立つ

この原則をもとに、次の文を見てみましょう。

(1) Sweden **is increasing** defense spending.
(2) Our goal **is increasing** revenue.

まず、原則①をふまえ、(1) と (2) の文を単純時制の文にしてみましょう。ちなみに、increase は「～を増やす」という他動詞、defense spending は「防衛費」という意味で、revenue は「収入」という意味の名詞です。

(1') Sweden increases defense spending.
(2') × Our goal increases revenue.

(1') は「スウェーデンは防衛費を増やす」という〈主語＋述語動詞〉の意味関係が成り立ちますね。したがって、(1) は単純時制の〈主語＋述語動詞〉の動詞部分を〈be 動詞＋ *doing*〉にした現在進行形の文で、「スウェーデンは防衛費を増加させている」という意味であることがわかります。一方、(2') は「目標は収入を増やす」という〈主語＋述語動詞〉の意味関係は成り立ちません。そこで、原則②の観点からこの文を見てみましょう。すると、Our goal = increasing revenue という〈S=C〉の関係が成り立っているので、increasing popularity は動名詞で、(2) は「私たちの目標は収入を増やすことだ」という意味になることがわかります。

基本構造に迫る

1 〈be 動詞＋ *doing*〉が進行形か動名詞かを考えてみましょう。まず、原則①をふまえ、単純時制の文にしてみます。すると、× My favorite activity reads novels で「私の好きな活動は小説を読む」となり、〈主語＋述語動詞〉の意味関係が成り立ちません。そこで、原則②の観点から見てみると、My favorite activity = reading novels という〈S=C〉の関係が成り立つので、この reading は動名詞だとわかります。

（ちなみに） 動詞 read に注目して進行形か動名詞かを判断することもできます。read を「～を読む」の意味で用いる時は、「だれ」「なに」のうちの「だれ」が主語になります。is reading を進行形と考えた場合、主語は「だれ」にあたる人が来るはずですが、ここでは「なに」にあたる my favorite activity が主語になっています。ここで、この reading は進行形ではなく動名詞だと判断できます。

My favorite activity is **reading** novels.
S　V　C（my favorite activity = reading novels の関係）

正解 私の好きな活動は小説を読むことだ。

2 原則①をふまえ、単純時制の文にしてみると、My father reads a novel（私の父は小説を読む）となり、〈主語＋述語動詞〉の意味関係が成り立ちます。したがって、この reading は単純時制の文の動詞部分を〈be 動詞＋ *doing*〉にした現在進行形の文であるとわかります。

My father is reading a novel now.
S　V　O

正解 私の父は今、小説を読んでいる。

077 The most important educational purpose is giving children the ability to live in society.

下線部のはたらきに注意して、この文を日本語に直しましょう。

- The most important educational purpose の most は、「最も～だ」という最上級の意味を表す副詞で、直後の形容詞 important を修飾しています。educational は「教育の」という意味の形容詞ですが、educational purpose を1つの名詞としてとらえて、important は educational purpose を修飾していると考えるとよいでしょう。「最も重要な教育の目的」という意味になります。

- purpose の後に is giving children が続いています。〈be 動詞＋ *doing*〉の形が出てきましたが、これは進行形でしょうか、それとも動名詞でしょうか。

- まず、原則①にしたがい、この文を単純時制にしてみると、The most important educational purpose gives children となります。これだと、「最も重要な教育の目的は子供たちに与える」となり、何となくすっきりとしません。そこで、原則②の観点からこの文を見てみましょう。すると、The most important educational purpose = giving children という〈S=C〉の関係が成り立つので、is は述語動詞で、giving children は補語になる動名詞だとわかります。「最も重要な教育の目的は子供たちに与えることだ」という意味になります。

- giving children the ability は、give の後に children と the ability という2つの名詞が並んでいます。give は SVOO の形で「〈人〉に〈もの・こと〉を与える」という意味を表しますが、ここでもこの形になっていると考えましょう。「子供たちに能力を与える」という意味になります。

- the ability の後に to live in society という to 不定詞が続いています。この to 不定詞は、直前の名詞 the ability の具体的な内容を説明する〈同格〉の関係になる形容詞用法として使われています。「社会で生きる能力」という意味になりますが、「社会生活を営む能力」などととらえてもよいでしょう。

構造
The most important educational purpose is [giving children the ability (to live in society)].

訳 最も重要な教育の目的は、子供たちに社会生活を営む能力を与えることだ。

078 The role of libraries is <u>becoming even more important</u> in the new digital age.

下線部のはたらきに注意して、この文を日本語に直しましょう。

- The role of libraries は、〈A of B〉の形になっているので、1つの名詞としてとらえましょう。libraries は無冠詞の複数形になっているので、大小さまざま図書館について述べる〈総称〉を表すことに注意しましょう。「図書館の役割」という意味になります。

- The role of libraries の後に is becoming even more important が続いています。even は副詞で、直後の more を強調しています。more は「いっそう」という意味の副詞で、直後の形容詞 important を修飾しています。「よりいっそう重要になる」という意味になります。〈be 動詞+ *doing*〉の形が出てきたので、これは進行形なのか動名詞なのかを考えてみましょう。

- 原則①にしたがい、この文を単純時制にしてみると、The role of libraries becomes even more important となります。「図書館の役割はよりいっそう重要になる」となり、〈主語+述語動詞〉の意味関係が成り立ちます。したがって、この becoming は単純時制の文の動詞部分を〈be 動詞+ *doing*〉にした現在進行形の文であるとわかります。become や increase などの〈変化〉を表す動詞の進行形は、変化の途中であることを示します。ここまでは「図書館の役割はよりいっそう重要になりつつある」という意味になります。

- important に続いて in the new digital age が出てきました。冠詞の the が見えたところで、名詞句の終わりがどこなのかを意識して読み進めます。new は「新しい」という意味の形容詞です。digital は「デジタルの」という意味の形容詞で、digital age は「デジタル時代」という意味になります。new は digital age を修飾していると考えましょう。in the new digital age は〈前置詞+名詞句〉の形で is becoming even more important を修飾する副詞のはたらきをしています。「新しいデジタル時代に」という意味になります。

構造 [The role of libraries] <u>is becoming</u> <u>even more important</u> <in the new digital age>.

訳 図書館の役割は、新しいデジタル時代において、よりいっそう重要になりつつある。

(音声) Theoria Basic_079.mp3

079 One aspect of growing up is developing the ability to understand logical thinking.

* aspect 名 側面　　logical 形 論理的な

下線部のはたらきに注意して、この文を日本語に直しましょう。

- One aspect of growing up は、〈A of B〉の B に動名詞が来た形になっています。grow up は「成長する」という意味なので、「成長することの1つの側面」という意味になりますが、単に「成長の1つの側面」ととらえてもよいでしょう。

- growing up の後に is developing the ability が続いています。develop は他動詞で、「〈能力など〉を身につける」という意味で使われています。〈be 動詞 + *doing*〉の形が出てきたので、これは進行形なのか動名詞なのかを考えてみましょう。

- 原則①にしたがい、この文を単純時制にしてみると、One aspect of growing up develops the ability となります。これだと、「成長することの1つの側面が能力を身につける」となり、すっきりしません。そこで、原則②の観点からこの文を見てみましょう。すると、One aspect of growing up = developing the ability という〈S=C〉の関係が成り立っているので、is は述語動詞で、developing the ability は補語になる動名詞だとわかります。「成長の1つの側面は能力を身につけることである」という意味になります。

- the ability の後に to understand logical thinking という to 不定詞が出てきました。この to 不定詞は、直前の名詞 the ability と〈同格〉の関係になる形容詞用法として使われています。077 の the ability to live in society と同じ形ですね。logical thinking の logical は「論理的な」という意味の形容詞、thinking は「考え方」という意味の名詞です。「論理的な考え方を理解する能力」という意味になります。

構造 One aspect of growing up is [developing the ability (to understand logical thinking)].

訳 成長の1つの側面は、論理的な考え方を理解する能力を身につけることである。

080 The traditional method for cultivating rice is flooding the fields and setting the young seedlings.

* cultivate 動 〜を栽培する　flood 動 〜に水を張る　field 名 田　seedling 名 苗

下線部のはたらきに注意して、この文を日本語に直しましょう。

- The traditional methodのtraditionalは「伝統的な」という意味の**形容詞**で、「方法」という意味の**名詞** methodを修飾しています。

- methodの後にfor cultivating riceが続いています。cultivatingは「〜を栽培する」という意味の動詞cultivateのing形で、ここでは**動名詞**として使われています。for cultivating riceは、**〈前置詞＋名詞〉**の形でmethodを修飾する**形容詞のはたらき**をしています。「稲を栽培するための伝統的な方法」という意味になります。

- is flooding the fieldsまで読んだところで、The traditional methodが**主語**、isが**述語動詞**だと考えます。floodは**他動詞**で、ここでは「〈場所〉に水を張る」という意味で使われています。fieldは、「稲を栽培する」とあるので「田んぼ」ととらえます。**〈be動詞＋*doing*〉**の形が出てきたので、進行形なのか動名詞なのかを考えてみましょう。

- **原則①**にしたがい、この文を単純時制にしてみると、The traditional method ... rice floods the fieldsとなります。これだと、「伝統的な方法が田んぼに水を張る」となり、意味がよくわかりません。そこで、**原則②**の観点からこの文を見てみましょう。すると、The traditional method ... rice = flooding the fieldsという**〈S=C〉の関係**が成り立つので、isは**述語動詞**で、flooding the fieldsは補語になる**動名詞**だとわかります。「稲を栽培するための伝統的な方法は田んぼに水を張ることだ」という意味になります。

- andの後にsetting the young seedlingsが続いています。settingという形に注目すると、**接続詞**のandがfloodingとsettingを結んでいるとわかります。setは植物を目的語にとると「〜を植える」という意味を表すので、「若い苗を植える」という意味になります。

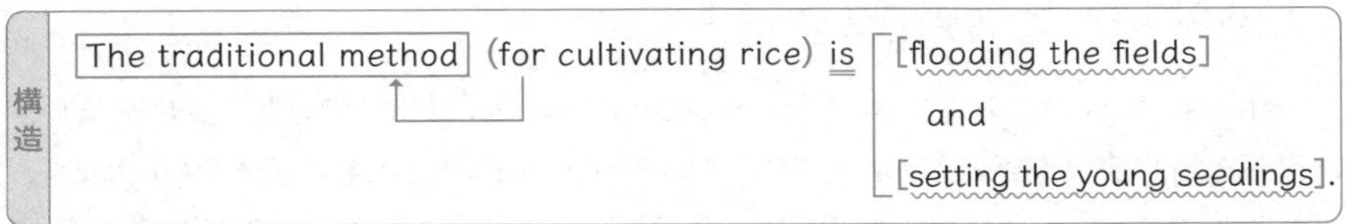
構造
The traditional method
(for cultivating rice)
is
[flooding the fields]
and
[setting the young seedlings].

訳 稲を栽培する伝統的な方法は、田んぼに水を張り、若い苗を植えることだ。

23

区別が難しい要素を見抜く (2)

下線部のはたらきに注意して、次の文を日本語に直しましょう。

1 He put a tea bag in boiling water.
2 She is interested in climbing mountains.
3 The dog came running toward me.

基本構造を知る　***doing* のはたらきを見抜く (2)**

〈*doing* +名詞〉の *doing* は現在分詞か動名詞か

〈*doing* +名詞〉の形は、「〜する〔〜している〕〈名詞〉」という現在分詞の形容詞用法の意味になる場合と、「〈名詞〉を〜すること」という動名詞の意味になる場合があります。どちらの意味で使われているかは、文脈や前後の語句との関係で判断することになりますが、ここで判断の1つの基準として、*doing* と名詞の関係から見分ける方法について見ていきましょう。

形容詞用法の現在分詞が名詞を修飾する場合、名詞と *doing* の間には〈主語と動詞〉の意味関係が成り立ちます。次の例文で確認してみましょう。

(1) Don't wake a **sleeping** dog.（寝ている犬を起こすな）

これは「触らぬ神にたたりなし」という意味を表すことわざですが、a sleeping dog の部分に注目すると、dog と sleeping には「犬が寝ている」という〈主語と動詞〉の意味関係が成り立っているので、sleeping は形容詞用法の現在分詞だとわかります。また、〈冠詞+形容詞+名詞〉という形がわかっていれば、a sleeping を見た瞬間に sleeping が形容詞のはたらきをしていることがわかります。

一方、〈*doing* +名詞〉の *doing* が他動詞の動名詞の場合は、名詞と *doing* の間に〈動詞と目的語〉の意味関係が成り立ちます。次の例文で確認しましょう。

(2) I know that **walking** dogs is essential.
（犬を散歩させることは大事なことだと知っている）

walking dogs の部分に注目すると、walking と dogs の間に「犬を散歩させる」という〈動詞と目的語〉の意味関係が成り立っているので、walking は動名詞だとわかります。

〈*doing* +名詞〉が主語になる場合は、主語を受ける動詞の形にも注意が必要です。動名詞が主語になる場合は、原則として〈3人称単数扱い〉になります。(2) の文では、後の動詞が is になっているので、walking dogs は単数扱いの動名詞だとわかるのです。

〈一般動詞＋ *doing*〉の *doing* は現在分詞か動名詞か

最後に、〈一般動詞＋ *doing*〉について確認しておきましょう。一般動詞の後に *doing* が来る場合、mind、enjoy、give up、avoid、finish、escape、practice、stop などの**動名詞を目的語にとる動詞**の場合は「～すること」という意味の**動名詞**、それ以外の動詞の場合は「～しながら」という意味の**現在分詞**だと判断します。まずは動名詞を目的語にとる動詞にどのようなものがあるかを文法参考書などで確認しておきましょう。

基本構造に迫る

1 boiling water の部分を見ると、boiling と water の間に「水が沸いている」という**〈主語と動詞〉の意味関係**が成り立ちます。したがって、boiling は**形容詞用法の現在分詞**だと考えます。

He put a tea bag <in **boiling** water>.

正解 彼はティーバッグを沸騰している水〔お湯〕の中に入れた。

2 climbing mountains の部分を見ると、climbing と mountains の間に「山に登る」という**〈動詞と目的語〉の意味関係**が成り立ちます。したがって、climbing は**動名詞**だとわかります。

She is interested <in **climbing** mountains>.

正解 彼女は山に登ることに興味がある。

3 一般動詞の後に running が続いています。一般動詞の後に *doing* が来る場合、動詞が動名詞を目的語に取るかどうかで判断するのでしたね。come は動名詞を目的語に取らないので、running は**現在分詞**だと判断します。

The dog came running <toward me>.

正解 その犬は走りながら私の方に来た。

081 Sending cooling gas into the atmosphere could reduce Greenland's ice loss by 10 per cent by 2070.

下線部のはたらきに注意して、この文を日本語に直しましょう。

- 文頭にSending cooling gasと*doing*が2つ続けて出てきました。まず、文頭のSendingについて考えましょう。**「文頭の*doing*で始まる句は、直後に動詞が続いていれば動名詞、〈主語＋動詞〉が続いていれば現在分詞」**と考えるのでしたね（→第21課）。Sendingの後に何が続いているかを意識しながら読み進めます。

- cooling gasは**〈*doing*＋名詞〉**の形になっています。coolingとgasには、「ガスが～を冷やす」という**〈主語と動詞〉**の意味関係が成り立つので、coolingは**現在分詞**だとわかります。「冷却ガス」という意味で、Sendingの**目的語**になっています。

- gasの後のinto the atmosphereは、**〈前置詞＋名詞〉**の形でSendingを修飾する**副詞のはたらき**をしています。「冷却ガスを大気に送り出す」という意味になります。sendはものの移動を表すので、後に移動先を伴うことが予測できれば、into以下が場所を表す副詞句だとわかります。

- atmosphereの後にcould reduceという動詞が出てきたところで、Sending cooling gas into the atmosphereがひとかたまりだと判断できます。Sendingで始まる句の直後に動詞が続いているので、Sendingは**動名詞**だとわかります。Sending ... the atmosphereが**主語**で、could reduceが**述語動詞**です。

- could reduce Greenland's ice lossのcouldは、ここでは「～かもしれない」という**〈可能性〉**の意味で使われています。Greenland's ice lossは、**〈所有格＋複合名詞〉**の形で「グリーンランドの氷の喪失」という意味になり、全体では「グリーンランドの氷の喪失を減らすかもしれない」となります。

- by 10 per centのbyは「～の分だけ」の意味で、by 2070のbyは「～までに」の意味で使われています。「2070年までに10％分だけ」という意味になります。

構造 [Sending cooling gas] <into the atmosphere> could reduce Greenland's ice loss <by 10 per cent> <by 2070>.

訳 冷却ガスを大気中に送り出すことは、グリーンランドの氷の喪失を2070年までに10% 減らすかもしれない。

082 <u>Developing countries</u> with pervasive poverty and <u>expanding populations</u> should spread a "do ecology" approach.

* pervasive 形 広範囲におよぶ　poverty 名 貧困　expand 動 増大する
ecology 名 環境保護　approach 名 取り組み

下線部のはたらきに注意して、この文を日本語に直しましょう。

- Developing countries は、countries と developing の間に「国が発展する」という〈主語と動詞〉の意味関係が成り立っているので、developing は形容詞用法の現在分詞だとわかります。「発展している国」、つまり「開発途上国」という意味になります。

- Developing countries の後の with pervasive poverty は、〈前置詞＋名詞〉の形で developing countries を修飾する形容詞のはたらきをしています。pervasive は「広範囲におよぶ」という意味の形容詞で、名詞の poverty を修飾しています。

- poverty の後には、and に続いて expanding populations が出てきました。and は pervasive poverty と expanding populations を結んでいます。and は文法的に等しいものを結ぶので、expanding populations は pervasive poverty と同じ〈形容詞＋名詞〉という形になっていると考え、expanding は形容詞用法の現在分詞だと判断します。「広範囲におよぶ貧困と増大している人口」という意味になります。

- populations の後に should spread が出てきたところで、Developing から populations までが主語、should spread が述語動詞だとわかります。

- spread の後の a "do ecology" approach は、spread の目的語になっています。「『環境保護しよう』という取り組みを広める」という意味になります。

（ちなみに）a "do ecology" approach は、インドの農学者、モンコンブ・スワミナサンが提唱した取り組みで、化学肥料の使用や焼畑をやめることで、経済活動と環境保護を両立させた持続可能な農業をめざしています。

構造

[Developing countries] (with pervasive poverty and expanding populations)
↑ (修飾)
<u>should spread</u> <u>a "do ecology" approach</u>.

訳 広範囲におよぶ貧困と増大している人口を抱える開発途上国は、「環境保護しよう」という取り組みを広めるべきだ。

083 Studying insects is a powerful way to study basic forms of consciousness.

* consciousness 名 意識

下線部のはたらきに注意して、この文を日本語に直しましょう。

- 文の最初に Studying insects が出てきました。Studying insects の直後に is があるので、Studying は動名詞だと判断できます。insects と Studying の間に「昆虫を研究する」という〈動詞と目的語〉の意味関係が成り立つことからも、Studying が動名詞であるとわかります。
- Studying insects が主語、is が述語動詞になります。動名詞が主語になる場合、原則として〈単数扱い〉になるので、be 動詞が is になっていることにも注意しましょう。
- is a powerful way の powerful は「有力な」という意味の形容詞で、名詞の way を修飾しています。a powerful way が is の補語になっており、「昆虫を研究することは有力な方法だ」という意味になります。
- a powerful way の後に to study basic forms of consciousness という to 不定詞が続いています。この to 不定詞は、a powerful way の具体的な内容を説明する、〈同格〉の関係になる形容詞用法として使われています。to 不定詞と同格になる名詞について、文法参考書などで確認しておきましょう。
- basic は「基本的な」という意味の形容詞で、名詞の forms を修飾しています。basic forms of consciousness は〈A of B〉の形になっているので、1つの名詞としてとらえましょう。「意識の基本的な形態を研究するための有力な方法」という意味になります。

ちなみに　昆虫にも意識があり、情報を処理する仕組みも人間の脳と共通する部分が多いという説があります。一方で、昆虫の脳の神経細胞は人間の脳に比べて非常に少なく、人間の脳の神経細胞がおよそ1000億個あると言われているのに対して、ミツバチは100万個程度しかないとされています。そのため、人間の脳よりも研究しやすく、意識の基本的な形態を研究するための有力な方法だと考えられているのです。

構造　[Studying insects] is a powerful way (to study basic forms of consciousness).

訳　昆虫を研究することは、意識の基本的な形態を研究するための有力な方法だ。

(音声) Theoria Basic_084.mp3

084 Since two NASA rovers, Spirit and Opportunity, came from Earth to Mars, they may have arrived <u>bearing terrestrial microbes</u>.

* rover 名 探査車　Mars 名 火星　terrestrial 形 地球上の　microbe 名 微生物

下線部のはたらきに注意して、この文を日本語に直しましょう。

- 冒頭にSince two NASA rovers, Spirit and Opportunity, came ... が出てきました。接続詞 since で始まる節が文頭に来ている場合、〈時の始点〉ではなく〈理由〉の意味を表すことが多いので、まずは〈理由〉の意味だと考えて読み進めます。

- two NASA rovers, Spirit and Opportunity は、two NASA rovers と Spirit and Opportunity がコンマをはさんで続いていて、〈同格〉の関係になっています。

- came from Earth to Mars は、〈from A to B〉(A から B へ) という形になっています。ここまでは「2台の NASA の探査車、スピリットとオポチュニティは地球から火星にやって来た」という意味になります。Earth は無冠詞で用いると、「惑星としての地球」を表す傾向があります。

- Mars の後に、コンマに続いて they may have arrived という〈主語＋動詞〉が出てきました。Mars までが従属節となる副詞節で、they may ... が主節になります。

- they may have arrived の they は、two NASA rovers を指しています。may have arrived は〈may have ＋過去分詞〉という形で「～したかもしれない」という意味になります。**助動詞の後に〈have ＋過去分詞〉の完了形を続けると、過去の意味を表す**ことを覚えておきましょう。「それらは到着したかもしれない」という意味になります。

- arrived の後に bearing terrestrial microbes が続いています。arrive は自動詞で、後に名詞が来ないので、bearing は現在分詞だと判断します。ここでは、「どのように到着したか」という動詞の様子を表す副詞のはたらきをする分詞構文になっています。「地球上の微生物を運びながら到着した」という意味になります。ここまで読んだところで、文頭の Since は「～なので」という〈理由〉の意味だと判断できます。

構造
<Since [two NASA rovers], <u>Spirit and Opportunity</u>, <u>came</u> <from Earth to Mars>>, [they] <u>may have arrived</u> <bearing terrestrial microbes>.

訳 2台の NASA の探査車、スピリットとオポチュニティは地球から火星にやって来たので、地球上の微生物を運びながら到着したかもしれない。

24 区別が難しい要素を見抜く (3)

下線部のはたらきに注意して、次の文を日本語に直しましょう。

1 The old man told the story.

2 The old man told the story cried.

基本構造を知る **過去形か過去分詞かを見抜く**

英語の動詞には、規則変化と不規則変化があります。規則変化の動詞は、過去形と過去分詞が同じ形になります。また、不規則変化の動詞にも、tell-told-told、read-read-read のように、過去形と過去分詞が同じものがあります。そのため、過去形と過去分詞が同じ動詞が文の中で出てくると、どちらで使われているのかがわかりにくい場合があります。見分け方については、第5課でも学びましたが、ここで改めて整理しておきましょう。

過去形か過去分詞かの見抜き方

たとえば、名詞の直後に told が来ている場合、told が〈述語動詞になる過去形〉なのか〈名詞を後ろから修飾する形容詞用法の過去分詞〉なのかがわかりにくい場合があります。そのような場合、**まず過去形と考えて〈主語+動詞〉として読み、それがうまくいかなかったら「〜された〈名詞〉」という形容詞用法の過去分詞と考える**とよいでしょう。具体例をもとに確認しましょう。

the man arrested が文の中に出てきた場合、arrested は過去形で「その男が逮捕した」という意味になる場合と、形容詞用法の過去分詞で「逮捕された男」という意味になる場合があります。ただ、この部分だけではどちらの意味か判断できません。そこで、文の中でのはたらきから意味を決めていくことになります。次の文を見てみましょう。このarrested は、過去形と過去分詞のどちらでしょうか。

The man **arrested** the thief who picked his pocket.

まずは arrested を過去形と考えて読んでみましょう。arrested の後に the thief が続いているので、The man が主語、arrested が述語動詞、the thief が目的語の文ととらえます。すると、「その男は彼にすりを働いた泥棒を逮捕した」という意味になり、過去形で正しかったとわかります。それでは、次の文はどうでしょうか。

The man **arrested** was met by investigators Saturday evening.

arrestedを過去形と考え、The man arrestedを〈主語＋動詞〉ととらえて「男が逮捕した」として読み進めると、wasが出てきました。arrestedの目的語がなく、wasという動詞が出てきたので、ここで読みを修正しましょう。arrestedを**過去分詞**と考えて、「逮捕された男」と読めば、この文は「逮捕された（ばかりの）男は土曜日の夕方、捜査員と面会した」という意味になるとわかります。

（ちなみに）「逮捕された男」はthe arrested manということもできますが、「いま逮捕された（ばかりの）男」や「いま（一時的に）逮捕されている男」といいたい時はthe man arrestedを使います。

このように、名詞の直後に来ている動詞が過去形か過去分詞かわからない場合は、まず過去形と考えて〈主語＋動詞〉として読むとよいでしょう。その際に、**動詞の後にどんな要素が続くかを知っていると、判断がスムーズにできます。**第3章で学んだことを改めて確認しておきましょう。

基本構造に迫る

1 toldが出てきたところで、The old manが**主語**、toldが**述語動詞**として読み進めます。すると、the storyが出てきたので、これがtoldの**目的語**になっているとわかります。

The old man told the story.
S V O

正解　老人はその物語を話した。

2 The old manが主語、toldが述語動詞として読み進めると、the storyの後にcriedが出てきました。このcriedを過去形だと考えると、criedの主語にあたるものがありません。また、形容詞用法の過去分詞だと考えると、the storyを修飾していることになりますが、「泣かされた物語」となり、何だかすっきりしません。そこで、読みを修正しましょう。toldを**形容詞用法の過去分詞**だと考えると、told the storyがThe old manを修飾しており、criedが主語のThe old manに対する**述語動詞**だとわかります。

The old man (told the story) cried.
S V

正解　その物語を聞かされた老人は泣いた。

085 A battery can store the energy needed to turn an electric motor.

* battery 名 バッテリー　　electric 形 電動の

下線部のはたらきに注意して、この文を日本語に直しましょう。

- A battery can store the energy まで読んだところで、A battery が主語、can store が述語動詞、the energy が目的語と考えます。A battery は、〈a ＋単数名詞〉の形で〈総称〉を表しています。

ちなみに　〈a ＋単数名詞〉が〈総称〉を表すのは、「不特定の1つ」という意味から転じて、「どの1つをとっても」という意味になるからです。どれをとっても変わらない、名詞が持つ性質や特性を表す文で使われます。

- can store the energy の store には、「店、商店」という名詞の意味もありますが、ここでは助動詞 can の直後にあるので、「～を蓄える」という動詞の意味で使われているとわかります。「バッテリーはエネルギーを蓄えることができる」という意味になります。

- the energy の後の needed を動詞の過去形と考えると、store の後に the energy needed to ... いう文が来ることになります。store の後に接続詞の that が省略されている可能性もありそうですが、動詞の store は後に that 節を続けることはできません。したがって、この needed は過去分詞で、the energy を後ろから修飾していると考えます。

- needed to turn の to turn を名詞用法の to 不定詞ととらえると、「回転させる必要があるエネルギー」とよくわからない意味になります。そこで、過去分詞の needed を修飾する副詞用法の to 不定詞だと読みを修正します。「回転させるために必要とされるエネルギー」という意味になります。

- to turn の turn は、ここでは「～を回転させる」という他動詞の意味で使われています。electric は「電動の」という意味の形容詞で、名詞の motor を修飾しています。「電動モーターを回転させるために必要とされる」という意味になります。

構造　[A battery] can store the energy (needed <to turn an electric motor>).

訳　バッテリーは、電動モーターを回転させるために必要とされるエネルギーを蓄えることができる。

086 The bonobo is the great ape considered the most capable of feeling for others.

* bonobo 名 ボノボ（コンゴの密林に棲む類人猿）　great ape 名 大型類人猿
capable 形 能力がある

下線部のはたらきに注意して、この文を日本語に直しましょう。

- The bonobo is the great apeまで読んだところで、The bonoboが**主語**、isが**述語動詞**、the great apeが**補語**と考えます。The bonoboは**〈the +単数名詞〉**で〈総称〉を表しています。「ボノボは大型類人猿だ」という意味になります。

ちなみに　〈the +単数名詞〉が〈総称〉を表すのは、その名詞とそれ以外を区別することで、「（他のどれでもなく）その名詞についていえば」という意味を表すからです。その名詞が持つ性質や特性を表す文で使われます。

- the great apeの後にconsideredが出てきました。このconsideredは過去形でしょうか、過去分詞でしょうか。後に続く要素を見てみましょう。

- consideredの後にthe most capable of feelingが続いています。considerは**SVOC**の形で「OをCだと考える」という意味を表します。ここでは、Oにあたる名詞the great apeが前に出て、Cにあたるthe most capable of feelingがconsideredの直後に来ていると考えます。すると、このconsideredは「～された〈名詞〉」という意味を表す**形容詞用法の過去分詞**で、the great apeを後ろから修飾しているとわかります。「～と考えられる大型類人猿」という意味になります。

- the most capable of feelingのcapableは**形容詞**で、**〈capable of A〉**で「Aの能力がある」という意味になります。ここでは「最も」という意味のthe mostが付いています。

- feeling for othersのfeelingは**動名詞**で、feel forは「～に同情する」という意味を表します。「最も他者に同情する能力があると考えられている」という意味になりますが、「最も他者を思いやることができると考えられている」ととらえるとよいでしょう。

構造　The bonobo is the great ape (considered the most capable of feeling <for others>).

訳　ボノボは、最も他者を思いやることができると考えられている大型類人猿です。

(音声) Theoria Basic_087.mp3

087 The brain of the drone needed to be trained to interpret and judge the images taken by a camera.

* drone 名 ドローン　interpret 動 ～を解釈する　judge 動 ～を判断する

下線部のはたらきに注意して、この文を日本語に直しましょう。

- The brain of the drone は〈A of B〉の形になっているので、1つの名詞として考えましょう。brain は「脳」という意味の名詞ですが、比喩的に「ドローンの頭脳」、あるいは「ドローンの制御装置」ととらえておきましょう。

- the drone の後に needed が出てきました。この needed を過去分詞と考えると、後に述語動詞が必要になります。そこで、後を見てみると、judge が出てきますが、これは to interpret and judge と to 不定詞の一部になっています。次に taken が出てきますが、過去分詞なので述語動詞にはなれません。したがって、needed は過去形で主語の The brain of the drone に対する述語動詞と考えるのがよさそうです。

- needed to be trained は、〈need to *do*〉(～する必要がある) という形になっています。train は「～を鍛える」という意味の動詞ですが、be trained という受動態の形になっていることに注意しましょう。ここまでは「ドローンの制御装置は訓練される必要があった」という意味になります。

- to be trained の後に、to interpret and judge the images という to 不定詞が出てきました。接続詞の and は interpret と judge を結んでいます。image は「画像」という意味の名詞で、interpret と judge の目的語になっています。〈train O to *do*〉(～するように O を訓練する) の受動態と考え、「画像を解釈し、判断するように訓練される」という意味になります。

- the images の後に taken by a camera が出てきました。taken は、the images という名詞を後ろから修飾する形容詞用法の過去分詞で使われています。「カメラによって撮影された画像」という意味になります。

構造

The brain of the drone needed [to be trained <to interpret and judge the images (taken by a camera)>].

訳 ドローンの制御装置は、カメラによって撮影された画像を解釈し、判断するように訓練される必要があった。

088 In most of the world's cities, about a quarter to half of the water put into distribution networks never reaches homes because it simply leaks away.

* distribution networks 名 配水網　simply 副 単に　leak away 動 漏れる

下線部のはたらきに注意して、この文を日本語に直しましょう。

- 文頭のIn most of the world's cities は、〈前置詞＋名詞〉の形で、イントロとして「世界の都市のほとんどで」という場面設定のはたらきをする副詞句になっています。
- cities の後に、コンマに続いて about a quarter to half of the water が出てきました。about は「約」という意味の副詞で、a quarter は「4分の1」、half は「2分の1」という意味の名詞です。「約4分の1から2分の1の水」という意味になります。
- the water の後に put が出てきたところで、about a quarter to half of the water が主語、put が述語動詞と考えてみます。put は原形・過去形・過去分詞がすべて同じ形の他動詞なので、〈put＋名詞＋場所を表す句〉が出てくると予測しながら読み進めます。
- put の後には into distribution networks という〈前置詞＋名詞〉が続き、put の直後に目的語がありません。そこで、put が過去分詞である可能性を考えます。
- networks の後に never reaches homes が出てきました。ここで、put ではなく reaches が述語動詞だと読みを修正します。「水は決して家庭に届かない」という意味になります。
- ここまで読んだところで、put は過去分詞で、the water を後ろから修飾する形容詞用法で使われているとわかります。「配水網に入れられた水」という意味になります。
- because it simply leaks away は、〈理由〉を表す接続詞 because で始まる従属節になっています。it は the water を指しています。「漏れ出してしまうだけなので」という意味になります。

構造
<In most of the world's cities>, [about a quarter to half of the water] (put into distribution networks) never reaches homes <because [it] simply leaks away>.

訳 世界のほとんどの都市では、配水網に入れられた水の約4分の1から2分の1が、漏れ出してしまうだけで、決して家庭に届くことはない。

25 語順の入れ替わりを見抜く（1）

文の主語と述語動詞が何かに注意して、次の文を日本語に直しましょう。

1 Little did I dream of my success in the Olympics.

2 Only today was I able to understand his words.

基本構造を知る　否定の意味を強調するための語順の入れ替え

英語の文は、次の図の語順で構成されることは、ここまで何度も確認してきましたね。

だれ・なに	する（です）	だれ・なに	どこ	いつ
主語	述語動詞	目的語 補語	副詞句	副詞句

ただし、常にこの語順になるわけではなく、さまざまな理由で語順が入れ替わることがあります。その代表的なものが疑問文です。Yes/No 疑問文や、主語以外の要素を尋ねる疑問文では、主語と be 動詞・助動詞の語順が入れ替わります。

We can buy souvenirs at the airport.

（私たちは空港でお土産を買うことができる）

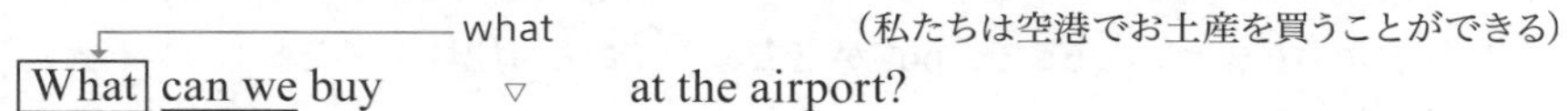

What can we buy ▽ at the airport?

（私たちは空港で何を買うことができますか）

疑問文以外でも、語順が入れ替わる場合があります。ここでは、どのような場合に語順が入れ替わるのかについて見ていきましょう。

否定の意味を強調するための語順の入れ替え

否定の意味を強調するために、否定語を文頭に出すことがあります。次の文で考えてみましょう。この文には、never という否定語が含まれています。

I have **never** seen such a beautiful picture.

（私はこんな美しい絵を今まで見たことがない）

この文を、「まったく見たことがない」というように**否定の意味を強調したい時は、否定語を文頭に出し、残りの主語と述語動詞の部分を疑問文の語順にします。**このような語順の入れ替えを〈倒置〉といいます。

Never <u>have I ▽ seen</u> such a beautiful picture.

〈have（助動詞）＋主語＋過去分詞〉の語順

文頭に出ると倒置が起こる主な否定語には、次のようなものがあります。

hardly（ほとんど〜ない）	little（ほとんど〜ない）	never（決して〜ない）
not（〜ない）	only（〜だけ）	rarely（めったに〜ない）
scarcely（ほとんど〜ない）	seldom（めったに〜ない）	no longer（もはや〜ない）

このような否定語が文頭に出てきたら、後に続く要素が疑問文の語順になっていることを意識しながら読み進めるようにしましょう。また、否定の意味を強調するのは、書き手が「この文が他の文よりも大切なことを示しているので、しっかり伝えたい」と考えているからなので、そのことを意識して読むようにしましょう。

基本構造に迫る

1 文頭に否定語の Little が出てきたところで、後が疑問文の語順になっていると考えて読み進めましょう。すると、did I dream という疑問文の語順になっており、little の意味を強調するために文頭に置き、後の語順が入れ替わっているとわかります。「夢にも思わなかった」ことを明確に伝えるために否定の意味を強調しています。

Little <u>did I dream</u> of my success in the Olympics.

〈did（助動詞）＋主語＋動詞の原形〉の語順

正解 私はオリンピックで成功するとは夢にも思っていなかった。

2 文頭の Only today は、「今日だけ」という否定の意味を含んでいます。そこで、否定の意味を強調する文になっていると考えて読み進めましょう。すると、was I という疑問文の語順が続いており、やはり Only today の意味を強調する文だったのだとわかります。「今日になってやっと」という意味になります。文頭に only がある場合は、後が倒置になっている可能性があると考えながら読んでもよいでしょう。

Only today <u>was I</u> able to understand his words.

〈be 動詞＋主語〉の語順

正解 私は今日になってやっと彼の言葉を理解することができた。

音声 Theoria Basic_089.mp3

089 Never has the need for intercultural understanding been so critical.

* intercultural 形 異文化間の　critical 形 重大な

文の主語と述語動詞が何かに注意して、この文を日本語に直しましょう。

- 文頭に**否定語**のNeverが来ています。否定の意味を強調するために倒置が起きている可能性を考えながら読み進めましょう。

- Neverの後にはhas the needが続いています。haveには動詞と助動詞のはたらきがありますが、動詞だと考えた場合、前に主語がありません。そこで、このhasは**助動詞**で、否定語が文頭に出たために倒置が起きたのだと考えます。the needが**主語**で、この後に〈have +過去分詞〉の過去分詞が来ると予測しながら読み進めます。

- the needの後にfor intercultural understandingが続いています。interculturalは「異文化間の」という意味の**形容詞**で、**名詞**のunderstandingを修飾しています。**〈前置詞+名詞〉**の形でthe needを後ろから修飾する**形容詞のはたらき**をしています。ここは「異文化間の理解の必要性」という意味になります。名詞の後に前置詞句が続いている時は、前置詞句が名詞を修飾している可能性を考えておきましょう。

- understandingの後にbeen so criticalが出てきました。ここで、この文はThe need for intercultural understanding has **never** been so critical.の**neverを強調するために文頭に出した結果、主語と述語動詞の部分が疑問文の語順になった〈倒置〉の形**になっているのだとわかります。has beenという**現在完了**になっていることも改めて確認しておきましょう。

- so criticalのsoは**副詞**で、**形容詞**のcriticalを強調しています。「異文化間の理解の必要性がこれほど重大であったことはこれまでなかった」ととらえるとよいでしょう。

さらに　否定語を文頭に出して倒置が起こる場合、「文全体の内容が否定される」という効果があります。この文では、The need for intercultural understanding has never been so critical. というふつうの語順であれば、「異文化間の理解の必要性はそれほど重要ではなかった」と解釈される可能性もありますが、neverを文頭に出すことで、その可能性を排除することができ、この文で伝えたい意図を明確にすることができるのです。

構造　Never has [the need] (for intercultural understanding) been so critical.

訳 異文化間の理解の必要性がこれほど重大であったことはこれまでなかった。

090 Little did I know then that social involvement would become a lifelong passion.

* involvement 名 関わり合い　lifelong 形 生涯続く　passion 名 夢中になるもの

文の主語と述語動詞が何かに注意して、この文を日本語に直しましょう。

Little did I know まで読んだところで、did I know という〈倒置〉の形になっていることに気づきます。little には「小さい」という形容詞の意味もありますが、ここでは「ほとんど〜ない」という否定の意味を表す副詞として使われています。否定の意味を強調するために little を文頭に出した結果、主語と述語動詞の部分が疑問文の語順になっています。

Little did I know の後の then は、「その時」という意味の副詞です。ここまでは「その時、私はほとんど知らなかった」という意味になります。何を知らなかったのか、know の目的語が後に続くと考えて読み進めましょう。

then の後に that social involvement would become が続いています。that の後に〈主語＋動詞〉が続いているので、この that は接続詞だとわかります。この that 節は、know の目的語となる名詞節になっています。

social involvement would become の social involvement は、形容詞の social が名詞の involvement を修飾していて、「社会的な関わり合い」「社会参加」という意味になります。助動詞の would は、主節の時制に合わせて過去形になっています。

would become の後の a lifelong passion は、形容詞の lifelong が名詞の passion を修飾しています。become の補語になっているので、「生涯続く夢中になるものになる」という意味になりますが、「生涯を通じて夢中になる」などととらえるとよいでしょう。

ちなみに　否定の意味を表す little が文頭に出て倒置の語順になるパターンはある程度決まっているので、ここで主なパターンを確認しておきましょう。

① Little did S know that ...　「…ということはほとんど知らなかった」
② Little did S dream that ...　「…ということは夢にも思わなかった」
③ Little did S realize that ...　「…ということはほとんどわからなかった」
④ Little did S imagine that ...　「…ということは想像しなかった」

構造　Little did I know then [that social involvement would become a lifelong passion].

訳　その時は、社会参加に生涯を通じて夢中になるとは少しも思わなかった。

音声 Theoria Basic_091.mp3

091 No longer do successful companies separate research from business development.

文の主語と述語動詞が何かに注意して、この文を日本語に直しましょう。

- No longer は、「もはや～ない」という意味の**副詞**です。否定を表す語が文頭に来ているので、この後に倒置が起きている可能性を考えながら読み進めましょう。

- No longer の後に do successful companies separate が出てきました。do には動詞と助動詞のはたらきがありますが、動詞だと考えた場合、前に主語がありません。そこで、この do は**助動詞**で、否定語が文頭に出たために**〈倒置〉**が起きたのだと考えます。

- successful companies は、形容詞の successful が名詞の companies を修飾しています。successful companies が**主語**、separate が**述語動詞**と考えます。ここまでは、「成功している企業はもはや分けない」となります。何を分けないのか、separate の目的語が後に続くと考えて読み進めましょう。

- separate の後に research が来ています。research には「研究する」という動詞の意味もありますが、ここでは動詞の separate の直後に来ているので、「研究」という**名詞**の意味で使われていて、separate の**目的語**になっていると考えます。動詞に見える語が2つ続けて出てくる場合は、どちらか一方が名詞だと考えてみましょう。

- research の後には from business development が続いています。separate は**〈separate A from B〉**の形で「AをBと分ける」という意味を表すので、Aに research、Bに business development が来ていると考えます。business development は、2つの名詞が並んでいるので**複合名詞**としてとらえます。「研究を事業開発と分ける」という意味になります。

ちなみに　Noが文頭に出て倒置の語順になる代表例の1つに、〈No sooner ... than ～〉(…するとすぐに～する) があります。No sooner had I arrived at the station than the train came in. は「私が駅に着くとすぐに電車が入ってきた」という意味になります。原則として、No sooner で始まる節は過去完了、than で始まる節は動詞の過去形になります。

構造　No longer do [successful companies] separate research <from business development>.

訳　成功している企業は、もはや研究を事業開発と分けていない。

092 Only after modern humans spread out from Africa and into Europe 45,000 years ago did the wolf-dog-human triad begin to form.

* modern human 名 現生人類　the wolf-dog-human triad 名 オオカミ・犬・人間の3者（の関係）　form 動 形になる、形づくられる

文の主語と述語動詞が何かに注意して、この文を日本語に直しましょう。

- Only after modern humans spread out まで読んだところで、after の後に〈主語＋動詞〉が来ているので、after は「～した後に」という**接続詞**の意味で使われているとわかります。after の前の only は**副詞**で、ここでは時を表す after で始まる節を強調して「～してようやく」という意味を表しています。

- modern humans spread out の modern humans は「現生人類」という意味で、spread out は「広がる、分布する」という意味の**自動詞**です。modern humans が節中の**主語**、 spread out が**動詞**となっています。

- spread out の後の from Africa and into Europe は、from Africa と into Europe という2つの〈**前置詞＋名詞**〉が and で結ばれています。「アフリカから出てヨーロッパに広がった」という意味になります。

- Europe の後の45,000 years ago は**副詞句**で、「4万5千年前に」という意味です。ここまでは「4万5千年前に広がった後になってようやく」という意味になります。

- 45,000 years ago の直後に did the wolf-dog-human triad begin は、疑問文の語順になっているので、〈倒置〉だとわかります。**only を伴う副詞句・副詞節が強調のために文頭に出た時も、否定語の時と同じく倒置が起こる**ことを覚えておきましょう。

- did the wolf-dog-human triad begin to form は、the wolf-dog-human triad が**主語**、did と begin が**述語動詞**です。begin の後に to form という **to 不定詞**が続いていますが、これは begin の**目的語**になる**名詞用法**として用いられています。「オオカミ・犬・人間の3者の関係が形づくられ始めた」という意味になります。

構造
<Only after [modern humans] spread out <from Africa and into Europe> <45,000 years ago>> did [the wolf-dog-human triad] begin [to form].

訳 4万5千年前に現生人類がアフリカからヨーロッパに広がってようやく、オオカミ・犬・人間の3者の関係が形づくられ始めた。

26

語順の入れ替わりを見抜く（2）

文の主語と述語動詞が何かに注意して、次の文を日本語に直しましょう。

1 On the bench sat an old man.

2 Very important was your advice for my business.

基本構造を知る　副詞（句）・補語の語順の入れ替え

第25課では、否定語の強調のために語順が入れ替わる場合について学びました。ここでは、副詞（句）や補語の語順が入れ替わる場合について見ていきましょう。

イントロ	だれが	する（です）	だれ・なに	どこ	いつ
名詞句以外	名詞	動詞	名詞 形容詞	副詞（句）	副詞（句）

副詞（句）が文頭に移動する場合

時や場所を表す副詞（句）は、ふつう文末に置きますが、文の先頭に置かれることもあります。副詞（句）を文頭に移動させた時、主語と動詞の語順が入れ替わることがあります。

何かが現れたことを示す時は、出現する〔した〕もの・人・ことがらを主語にして、appear、come などの〈出現〉を表す動詞や be、sit などの〈存在〉を表す動詞を使い、いつどこに現れたのかという副詞句を続けるという語順にします。この文を、「その時〔そこに〕現れたのは…」のように出現や存在を印象づける文にする場合は、副詞（句）を文頭に移動させ、〈動詞＋主語〉の語順にします。次の文で確認してみましょう。

Then came the second world war and the horrors of the nuclear bomb.
（その後やってきたのは、第二次世界大戦と核爆弾の恐怖だった）

この文では、then という時を表す副詞を文頭に移動させた結果、後に続く文の主語と動詞が入れ替わっています。〈Then came ＋主語〉はよく見られる表現なので覚えておくとよいでしょう。別の文も見てみましょう。

Out of the room came a boy. （部屋から出てきたのは、1人の男の子だった）

この文では、out of the room という場所を表す副詞句を文頭に移動させた結果、後に続く主語と動詞が入れ替わっています。

このように、＜副詞句＋動詞＋主語＞という語順にすることで、「この後に何が出てくる〔生じる〕のだろう？」と読者の関心を向ける効果が出ます。時や場所を表す副詞(句)が文頭に出てきたら、主語と動詞が入れ替わっているかもしれないと考えながら読むとよいでしょう。ただし、主語が代名詞の場合は、時や場所を表す副詞句を文頭に移動させても主語と動詞の語順は入れ替わりません。

補語が文頭に移動する場合

SVCの文では、読み手に「Cなのは誰か」を強調して示すために、補語を文頭に移動させ、〈動詞＋主語〉の語順にすることがあります。次の文で確認してみましょう。

Happy are [those who love flowers].（幸せなのは、花を愛する人だ）

この文では、補語のhappyを文頭に移動させた結果、後に続く主語と動詞が入れ替わっています。happyは形容詞なので、文の主語にはなれません。したがって、その後にbe動詞が続いているのを見たところで、CVSの語順になっているとわかります。この語順にすることで、「あれっ、ふつうの文と語順が違うぞ」と相手の気を引くことができるのです。

(さらに) 補語と同じように、進行形を作る現在分詞や、受動態を作る過去分詞も、文頭に移動させて〈動詞＋主語〉の語順にすることもあります。これらは、be動詞の後の要素が移動するという点で補語が文頭に移動する場合と共通しています。具体例は[096]で見ていきます。

基本構造に迫る

1 この文では、文頭にOn the benchという場所を表す副詞句が出てきて、その後に続く文の主語と動詞が入れ替わっています。これは、on the beachという場所に何が生じたのか、大切なことがこれから出てくることを読み手に示すためだと考えられます。

<On the bench> sat [an old man].

正解 ベンチにはおじいさんが座っていた。

2 この文では、文頭にVery importantという形容詞が出てきて、その直後にwasという動詞が続いています。ここで、very importantという補語を文頭に移動させた結果、後に続く文の主語と動詞が入れ替わっているとわかります。

Very important was [your advice for my business].

正解 とても重要だったのは、私のビジネスに対するあなたのアドバイスでした。

093 On the table was a small plate with a sweet on it, a marshmallow.

* sweet 名 甘い菓子　　marshmallow 名 マシュマロ

文の主語と述語動詞が何かに注意して、この文を日本語に直しましょう。

- On the table で文が始まっています。〈前置詞＋名詞〉は主語にならないので、この後に主語になる名詞が出てくると考えて読み進めます。

- On the table の後に was a small plate が続いています。be 動詞が出てきましたが、was の前の On the table は主語にはなりません。そこで、場所を表す副詞句を文頭に移動させた結果、主語と動詞の語順が入れ替わる〈倒置〉が起きているのだと考えます。

- was の後に a small plate という名詞が出てきたところで、was が述語動詞、a small plate が主語だと判断します。a small plate は、形容詞の small が名詞の plate を修飾しています。ここまでは「テーブルの上には小皿があった」という意味になります。

- a small plate の後に with a sweet on it が続いています。with a sweet の with は前置詞で、ここでは〈with ＋名詞＋前置詞句〉の形で「〈名詞〉が～の状態で」という意味を表しています。on it の it は、a small plate を指しています。「甘い菓子がそれ（＝小皿）の上にある状態の小皿」という意味になりますが、「甘い菓子が載っている小皿」ととらえておきましょう。

- it の後に、コンマに続いて a marshmallow が出てきました。a marshmallow は a sweet と〈同格〉の関係になっています。「甘い菓子、すなわちマシュマロが載っている小皿」という意味になります。

（ちなみに）場所を表す副詞句を文頭に出すと、俯瞰的な視点が徐々に、特定のものへとフォーカスしていく様子を表すことができます。この文では、まず「テーブルの上」を俯瞰的に眺め、そこから「小皿」に視点が移り、さらにその上にある「甘い菓子」が浮き上がってくるような様子がわかります。

構造 <On the table> was [a small plate] (with a sweet on it, a marshmallow).

訳 テーブルの上には、甘い菓子、すなわちマシュマロが載った小皿があった。

094 Even more threatening to cattle than humans are dogs.

* threatening 形 脅迫的な、脅威の　cattle 名 牛

文の主語と述語動詞が何かに注意して、この文を日本語に直しましょう。

- Even more threatening は、more threatening という形容詞の比較級を even という副詞が強調しています。「さらに脅威だ」という意味になります。

- threatening の後の to cattle は、〈前置詞＋名詞〉で形容詞の threatening を修飾する副詞のはたらきをしています。「牛にとって脅威だ」という意味になります。

- to cattle の後に than humans が出てきました。ここで〈A is 比較級 than B〉という比較の形を思い出しましょう。B にあたるのが humans になりますが、A にあたるものがまだ出てきていません。牛にとって人間よりも脅威であるものが文脈から判断できるため省略されている、あるいはこの後に出てくることを予測しながら読み進めましょう。

- than humans の後には are dogs が続いています。be 動詞が出てきましたが、形容詞句は主語にならないので、Even more threatening to cattle than humans は主語にはなりません。そこで、be 動詞の補語を文頭に移動させた結果、主語と動詞の語順が入れ替わる〈倒置〉が起きているのだと考えます。are が述語動詞、dogs が主語になり、humans と比較されているのは dogs だったのだとわかります。

- ここで倒置される前の文を確認しておきましょう。Dogs are even more threatening to cattle than humans. という文で、「犬は牛にとって人間よりもさらに脅威だ」という意味になります。この文は、倒置された語順に合わせて「牛にとって人間よりもさらに脅威なのは犬だ」のようにとらえるとよいでしょう。

（ちなみに）わざわざ補語を文頭に出して語順を変えるのは、「伝えたい情報の順序を変える」という意図があります。英語では、新しい情報や重要な情報は文末に置くことがありますが、この文では、「脅威なのは犬だ」という情報を伝えたいので、「犬」に焦点をあてるために補語を文頭に出して、dogs を文末に置いたと考えることができます。

構造 Even more threatening <to cattle> <than humans> are [dogs].

訳 牛にとって人間よりもさらに脅威なのは犬だ。

（音声）Theoria Basic_095.mp3

095 Among the most important things in my own life are the people I have loved, the places I have travelled, and the books I have read.

文の主語と述語動詞が何かに注意して、この文を日本語に直しましょう。

- Among the most important things で文が始まっています。among は**前置詞**で、「～の中には」という意味です。the most important things は、**形容詞の最上級**である the most important が**名詞**の things を修飾しています。**〈前置詞＋名詞〉は主語にならないので、後に主語になる名詞が出てくると考えて読み進めます。**

- things の後の in my own life は、「私自身の人生で」という意味です。**〈前置詞＋名詞〉なので、これも主語にはなりません。**ここまでは、「私自身の人生で最も大切なものの中には」という意味の**副詞句**になります。**副詞句が文頭に来ている場合は、主語と動詞の語順が入れ替わった〈倒置〉の可能性も考えて読み進めます。**

- in my own life の後に are the people が出てきました。**be 動詞が出てきましたが、are の前の副詞句は主語ではないので、副詞句を文頭に移動させた結果、主語と動詞の語順が入れ替わる〈倒置〉が起きているのだと考えます。すると、are の後の the people ...が主語で、are が述語動詞だとわかります。**

- the people の後の I have loved は、I の前に**関係代名詞** who(m) が省略されていると考えましょう。「私が愛した人々」という意味になります。

- loved の後に the places I have travelled, and the books I have read が続いています。and を見たところで、3つの〈名詞＋ S ＋ V〉が結ばれていることに注目しましょう。「私が愛した人々、私が旅した場所、そして私が読んだ本」という意味になり、この部分が**主語**だとわかります。

構造

<Among the most important things <in my own life>>
are [the people (I have loved),
the places (I have travelled),
and
the books (I have read).

訳 私自身の人生で最も大切なものの中には、私が愛した人々、私が旅した場所、そして私が読んだ本がある。

096 Gazing up at me were the faces of about fifteen children, and each of them were seated expectantly.

* gaze 動 見つめる　seat 動 ～を座らせる　expectantly 副 期待して

文の主語と述語動詞が何かに注意して、この文を日本語に直しましょう。

- Gazing up at me の gaze は動詞で、〈gaze at A〉の形で「Aを見つめる」という意味を表します。up は副詞で、「上に」という意味を加えています。*doing* で文が始まる場合、動名詞か現在分詞になりますが、Gazing up at me はどちらでしょうか。

- Gazing up at me の後に were が出てきました。Gazing up at me を主語になる動名詞、were を述語動詞だと考えると、**動名詞は〈単数扱い〉になるのに**、be 動詞が was ではなく were になっているので、動名詞ではないことがわかります。別の可能性を考えて読み進めましょう。

- were の後に the faces of about fifteen children が続いています。〈A of B〉の形になっているので、1つの名詞と考えて「約15人の子供の顔」ととらえましょう。the faces という複数形の名詞に気づけば、were の主語が the faces of about fifteen children だとわかります。

- そこで、Gazing up at me を現在分詞と考えると、**進行形を作る現在分詞を文頭に移動させた結果、主語と動詞の語順が入れ替わる〈倒置〉が起きている**とわかります。すると、were gazing up が**述語動詞**、the faces of about fifteen children が**主語**になり、「約15人の子供の顔が私をじっと見上げていた」という意味になります。

- and の後の each of them were seated は、each of them が**主語**、were seated が**述語動詞**になっています。each of them の them は、about fifteen children を受けています。前の文で倒置が起こっているおかげで、each of them と about fifteen children のつながりが見えやすくなっていますね。

- were seated expectantly の expectantly は、「期待して」という意味の**副詞**で、were seated を修飾しています。「期待して座っていた」という意味になります。

構造
Gazing up <at me> were [the faces of about fifteen children], and [each of them] were seated expectantly.

訳 私をじっと見上げていたのは約15人の子供の顔であり、誰もが期待して座っていた。

27 語順の入れ替わりを見抜く (3)

下線部のはたらきに注意して、次の文を日本語に直しましょう。

1 He explained to me <u>that his wife was sick in bed</u>.

2 The fact remains <u>that he made a mistake</u>.

基本構造を知る **情報の流れのための語順の入れ替え**

否定語や副詞句などを強調する場合以外にも、語順が入れ替わることがあります。どのような場合に語順が入れ替わるか見ていきましょう。

長い目的語が文末に移動する場合

目的語の情報が多い場合、読みやすくするために文末に移動させることがあります。次の文を見てみましょう。

Observation and classification made possible the more precise recognition of diseases.

（観察をすることと分類をすることによって、病気をより正確に認識することができるようになった）

この文の主語は Observation and classification、述語動詞は made で、直後に形容詞の possible が来ています。形容詞は補語にはなりますが、目的語にはならないので、possible の後ろに何が来ているのか考えて読み進めると、the more precise recognition of diseases という名詞句が出てきました。ここで、make は **SVOC** の形で「O を C にする」という意味を表すことを思い出しましょう。すると、目的語が the more precise recognition of diseases と長くて、その直後に補語を置くと、どこが補語なのかわかりにくいので、**読みやすくするために目的語と補語が入れ替わって SVCO の語順になっている**のだとわかります。make の直後に形容詞が出てきたら、〈形容詞＋名詞〉の形で目的語になっている可能性と、目的語と語順が入れ替わった補語の可能性を考えましょう。

made ▽ possible the more precise recognition of diseases.

C　O

同格の that 節が名詞と離れる場合

主語の名詞の直後に同格の that 節を続けると、**主語が長くなってしまうため、同格の that 節を文末に移動させることがあります。**次の文を見てみましょう。

A rumor was circulating **that** the President has decided to resign next month.

（大統領が来月辞任することを決めたといううわさが流れていた）

この文では、A rumor was circulating の後に that 節が来ています。この that 節が〈同格の that 節〉が文末に移動したものだと見抜けるようになることが大切になりますが、そのためには、**同格の that 節をとる名詞を知っている必要があります。**次のリストで主なものを確認しておきましょう。

idea（考え）	opinion（意見）	belief（信念）
thought（考え）	doubt（疑い、疑惑）	fact（事実）
information（情報）	news（知らせ）	chance（可能性）

このほかに、**〈先行詞＋関係詞節〉が主語の位置にある場合**にも、〈先行詞＋関係詞節〉を文末に移動させたり、関係詞節だけを文末に移動させたりすることがあります。これについては、100 で見ていきます。

基本構造に迫る

1 explain は他動詞なので、後には目的語が来るはずですが、この文では to me が続いています。そこで、**目的語が長いので文末に置かれている**のではないかと予測して読み進めると、that his wife was sick in bed が出てきて、これが explain の目的語になる名詞節だとわかります。explain は後に that 節や wh 節〔句〕をとる時は**〈explain to 人 that 節〔wh 節〔句〕〉**という語順になります。

He explained <to me> **that** his wife was sick in bed.
S　V　O

正解 彼は私に、妻が病気で寝ていると説明した。

2 remain は自動詞で、後に that 節を取りません。しかし、この文では that 節が続いています。ここで、fact が同格の that 節をとる名詞だと知っていれば、that he made a mistake は **fact と同格になる that 節が文末に移動したもの**だとわかります。

The fact remains **that** he made a mistake.

正解 彼が間違いをしたという事実は残っている。

097 Nitobe Inazo wanted to share with others the philosophical underpinnings of Japanese society.

* Nitobe Inazo 名 新渡戸稲造（明治時代の教育者・思想家。『武士道』の著者）
the philosophical underpinnings 名 哲学的基盤

下線部のはたらきに注意して、この文を日本語に直しましょう。

- Nitobe Inazo wanted to share まで読んだところで、Nitobe Inazo が**主語**、wanted が**述語動詞**で、その後に wanted の**目的語**になる**名詞用法の to 不定詞**が続いていると考えます。ここまでは「新渡戸稲造は共有することを望んだ」という意味になります。

- share の後に with others が続いています。「他の人々と共有する」という意味になりそうですが、これだと何を共有するのかわかりませんね。share には **〈share A with B〉** で「AをB（人）と共有する」という他動詞の意味があるので、〈A with B〉の A が文末に移動している可能性も考えながら読み進めます。

- others の後には the philosophical underpinnings of Japanese society が続いています。the philosophical underpinnings は、**形容詞** philosophical（哲学の）が**名詞** underpinnings（基盤）を修飾しています。**〈A of B〉** の形になっているので、1つの名詞としてとらえましょう。「日本社会の哲学的基盤」という意味になります。

- others の後に the philosophical underpinnings of Japanese society という名詞が続いているのを見たところで、the philosophical underpinnings 以下は〈share A with B〉の A にあたる名詞で、**目的語の位置に置くと長くて読みにくいので、文末に移動している**とわかります。「日本社会の哲学的基盤を他の人々と共有する」という意味になります。

（ちなみに） 英語には、「重要な情報は文末に置く」という〈文末重点〉という原則があります。長くて情報量が多い目的語を文末に移動させるのも、〈文末重点〉の一種です。

構造

Nitobe Inazo wanted [to share ▽ <with others> the philosophical underpinnings of Japanese society].

訳 新渡戸稲造は、日本社会の哲学的基盤を他の人々と共有したいと望んだ。

098 In 19th century, the speed of the railway made possible the delivery of fresh fish and raspberries from Scotland to London in one night.

* raspberry 名 ラズベリー

下線部のはたらきに注意して、この文を日本語に直しましょう。

- In 19th century は「19世紀に」という意味です。文頭の副詞句はイントロとして場面を設定するはたらきをするので、ここでは時代の設定をしていると考えます。

- the speed of the railway made の the speed of the railway は、〈A of B〉の形になっているので1つの名詞としてとらえましょう。「鉄道の速度」という意味になります。the speed of the railway が主語、made が述語動詞だと考えます。

- made の後に「可能な」という意味の possible という形容詞が続いています。make などの使役動詞の後に形容詞が続いている場合は、語順の入れ替えを予測しましょう。make は、SVOC の形で「O を C にする」という〈状態変化〉の意味を表すので、make O possible の O が文末に移動していると考えながら読み進めます。

- possible の後に the delivery of fresh fish and raspberries が出てきました。〈A of B〉の形になっているので、1つの名詞としてとらえましょう。「新鮮な魚やラズベリーの配送」という意味になります。

- from Scotland to London は「スコットランドからロンドンへ」、in one night は「一晩で」という意味で、the delivery を修飾しています。「一晩でのスコットランドからロンドンへの配送」という意味になります。

- ここで、the delivery から one night までが make O possible の O にあたり、本来の目的語の位置に置くと長くて読みにくいので、文末に移動しているとわかります。「一晩でスコットランドからロンドンへ配送できるようになった」という意味になります。

構造

< In 19th century>, [the speed of the railway] made ▽ possible the delivery of fresh fish and raspberries (from Scotland to London) (in one night).

訳 19世紀になると、鉄道の速度のおかげで新鮮な魚やラズベリーを一晩でスコットランドからロンドンへ配送できるようになった。

音声 Theoria Basic_099.mp3

099 The hypothesis was rejected that there was positive correlation between education and health.

* hypothesis 名 仮説　reject 動 ～を却下する　correlation 名 相関

下線部のはたらきに注意して、この文を日本語に直しましょう。

- The hypothesis was rejected まで読んだところで、The hypothesis が主語、was rejected が述語動詞だと考えます。〈be 動詞＋過去分詞〉の受動態になっているので、「その仮説は却下された」という意味になります。

- rejected の後に that が来ています。この that は、後に there was positive correlation という文が続いているので、接続詞だとわかります。

- ここで、that 節のはたらきについて考えてみましょう。直前の was rejected は受動態なので、後に目的語が来ることはできません。したがって、この that 節は目的語ではないことがわかります。そこで、主語の the hypothesis とのつながりを考えます。hypothesis は、idea（考え）、opinion（意見）、belief（信念）などと同じように、同格の that 節をとることができます。ここでは、the hypothesis の直後に同格の that 節を続けると、主語が長くなってしまい読みにくいので、同格の that 節を文末に移動させたとわかります。同格の that 節の後置を見抜けるようになるためには、同格の that 節をとる名詞を知っている必要があります。165ページのリストや文法参考書などで確認しておきましょう。

- there was の後の positive は「正の」という意味の形容詞で、「相関」という意味の名詞 correlation を修飾しています。「正の相関」という意味になります。

- correlation の後の between education and health は〈between A and B〉の形で、正の相関がどこにあるのかを示す副詞のはたらきをしています。that 節は「教育と健康の間に正の相関がある」という意味になります。

構造

The hypothesis ▽ was rejected [that there was positive correlation <between education and health>].

訳 教育と健康の間に正の相関があるという仮説は却下された。

100 The day will come when people will live on the moon.

下線部のはたらきに注意して、この文を日本語に直しましょう。

- The day will come まで読んだところで、The day が主語、will come が述語動詞だと考えます。come は主に SV の形で使うので、後に副詞句などが来ると考えながら読み進めましょう。

- come の後に when people will live on the moon が続いています。on the moon は〈前置詞＋名詞〉で live を修飾する副詞のはたらきをしています。この when で始まる節はどのようなはたらきをしているのでしょうか。

- まずは「人々が月に住む時」という〈時〉を表す副詞節だと考えてみます。〈時〉を表す副詞節では、未来のことを表すのに現在形を用いますが、ここでは people will live と will を使っています。したがって、副詞節ではないと判断します。

- when 節で〈未来〉を表す will が使えるのは、〈名詞節〉の場合と〈関係副詞の when 節〉の場合です。そこで、「いつ～するのか」という意味を表す〈名詞節〉だと考えてみましょう。この when 節は、動詞の come の直後に来ていますが、come はふつう SV の形で使うので、後に補語や目的語になる名詞節が続くことはありません。したがって〈名詞節〉ではないことがわかります。ここで、この when 節は〈関係副詞の when 節〉だと判断できます。

- 関係副詞の when 節だということは、先行詞となる名詞が必要になります。すると、when 節の前には The day しか名詞がないので、The day が先行詞だと判断します。The day の直後に when 節を続けると、主語が長くなってしまい読みにくいので、when 節を文末に移動させた形になっていて、「人々が月に住む日が来るだろう」という意味になります。

- このように、〈先行詞＋関係詞節〉が主語の位置にある場合も、同格の that 節と同じように、関係詞節だけが文の後ろに移動することがあります。考え方は同格の that 節が主語の位置にある場合と同じなので、セットで考え方を整理しておきましょう。

構造 [The day] ▽ will come <when [people] will live <on the moon>>.

訳 人々が月に住む日が来るだろう。

28

構文の構造をとらえる (1)

itのはたらきに注意して、次の文を日本語に直しましょう。

1 It is clear that Tom ate my pudding.

2 I found it interesting taking pictures in a forest.

基本構造を知る **形式主語構文・形式目的語構文**

第27課では、文を読みやすくするために、長い目的語や、主語と同格になる that 節を文末に置くことがあることを学びました。それ以外にも、主語や目的語が長い時に文の形を変えて読みやすくする方法があります。ここでは、その方法について見ていきましょう。

形式主語構文

to 不定詞や動名詞が主語になる場合、**主語が長くなることを避ける**ために、主語の位置に it を置き、to 不定詞を文末に移すことがあります。この時、主語の位置に置く it を**形式主語**、文末に移した主語を**真主語**といいます。日本語に直す時は、真主語である to 不定詞の部分を主語として訳すとよいでしょう。

It is important to study English every day. (毎日英語を勉強することは大切だ)

that 節や疑問詞節が主語になる場合にも、主語の位置に節を導く it を置くことができます。

It occurred to me **that** she might have known all about it.
(私は彼女はそれについてすべてを知っていたのかもしれないとふと思った)

It doesn't matter to him **what** we say. (私たちが何と言っているかは彼には問題ではない)

ちなみに 〈it doesn't matter to A wh 節〉の it は、〈状況〉を表す it ととらえることもできますが、ここでは it は wh 節を導くために置いたもので、wh 節を意味上の主語ととらえておきます。

形式目的語構文

SVOC の文で、名詞用法の to 不定詞が目的語になる場合、**目的語が長くなることを避ける**ために、目的語の位置に it を置き、to 不定詞を文末に移すことがあります。この時、目的語の位置に置く it を**形式目的語**、文末に移した目的語を**真目的語**といいます。

He finds it necessary **to** keep early hours.
(彼は早寝早起きが必要不可欠だと思っている)

形式主語と同じように、動名詞や that 節、疑問詞節が SVOC の文の目的語になる場合にも、形式目的語の it を置くことができます。

She made it clear **that** she would never change her mind.
（彼女は自分の考えを変えることはないと明言した）

it から始まる文の読み方

文が it で始まっている場合、〈形式主語構文〉のほかに〈前のもの・ことがらを説明する文〉〈天気・距離などを表す文〉〈強調構文〉などの可能性があります。このような文では、it を見た瞬間に用法を考えるのではなく、**後に出てくる要素を見てから判断する**ようにしましょう。すると、「it が出てきた」→「後ろを少し見てみよう」→「be 動詞＋形容詞という語順になっているな」→「形式主語構文か強調構文かな？」→「to *do* が出てきたぞ」→「形式主語構文だ」のような考えができるはずです。これに慣れてくれば、たとえば It doesn't matter to him what we say. を一気に読んだところで「あっ、it は形式主語で what 以下が意味上の主語だな」と判断できるようになります。

基本構造に迫る

1 It is clear まで読んだところで、it は**形式主語**で、真主語が後に続くと予測しながら読み進めます。すると、that Tom ate my pudding が出てきたので、この that 節が**真主語**だったのだとわかります。

It is clear [**that** Tom ate my pudding].

正解 トムが私のプリンを食べたのは明らかだ。

2 I が**主語**、found が**述語動詞**、it が**目的語**、interesting が**補語**の SVOC の文になっていますが、このままだと it が何を指しているのかわかりません。そこで、it は形式目的語で、真目的語が interesting の後に続くと予測しながら読み進めます。すると、taking pictures in a forest が出てきたので、この動名詞が**真目的語**だとわかります。

I found it interesting [**taking** pictures in a forest].

正解 森の中で写真を撮ることはおもしろいとわかった。

101 It is obvious that jazz has become more prominent in daily life, for example in shops and cafés.

* obvious 形 明らかな　prominent 形 目立つ

it のはたらきに注意して、この文を日本語に直しましょう。

- It is obvious で文が始まっています。It が主語、is が述語動詞、obvious が補語になる形容詞と考えると、「それは明らかだ」という意味になります。it にあたる内容がこの後に出てくると考えながら読み進めます。

- obviousの後にthat jazz has become more prominentが出てきました。このthatは、後に〈主語＋動詞〉が続いているので、接続詞だとわかります。ここで、文頭の It は形式主語で、that で始まる節が真主語になる名詞節だと判断できます。**形式主語で始まる文を日本語に直す時は、真主語の部分を主語にして訳します。**

- that節の中を見ていきましょう。jazz has become more prominentのhas becomeは、〈have ＋過去分詞〉の現在完了になっています。become が出てきたら、後に補語が来ることを考えながら読み進めます。more prominent は、「目立つ」という意味の形容詞 prominent の比較級です。jazz が主語、has become が動詞、more prominent が補語で、「ジャズはより目立つようになっている」という意味になります。

- prominent の後の in daily life は、〈前置詞＋名詞〉の形で become more prominent を修飾する副詞のはたらきをしています。「日常生活において」という意味になります。become 以下は「日常生活でジャズを耳にすることが多くなっている」ととらえるとよいでしょう。

- in daily life の後に、コンマに続いて for example in shops and cafés が来ています。for example は「たとえば」という〈例示〉を表す副詞句で、前に出てきた内容の具体例を導入する時に用います。ここでは、in daily life の具体例として、in shops and cafés を挙げています。「日常生活で、たとえばお店やカフェで」という意味になります。

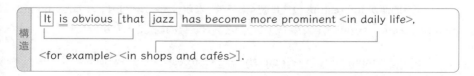

構造

It is obvious [that jazz has become more prominent <in daily life>,
<for example> <in shops and cafés>].

訳 日常生活、たとえばお店やカフェなどで、ジャズを耳にすることが多くなっているのは明らかだ。

102 Holmes himself found it amusing that anyone would not know how he reasoned.

* Holmes 名 ホームズ（コナン・ドイルの推理小説「シャーロック・ホームズ」シリーズの主人公）　amusing 形 愉快な　reason 動 推理する

it のはたらきに注意して、この文を日本語に直しましょう。

Holmes himself found it まで読んだところで、Holmes himself が**主語**、found が**述語動詞**と考えます。Holmes himself は〈**名詞＋再帰代名詞**〉の形になっています。この場合、himself は「～自身」という意味で〈**同格**〉として扱います。find には「～を見つける」という SVO の意味と「O が C だとわかる」という SVOC の意味があるので、後に続く要素を見てから意味を判断しましょう。

found it amusing を見たところで、この find は **SVOC** の形だと考えます。「それが愉快だとわかった」という意味になります。it は、前出のものを受けている場合と、後で詳述されることの代わりになる場合があるので、両方の可能性を考えて読み進めます。

amusing の後に that anyone would not know が来ています。amuse は目的語の位置に that 節をとることができないので、この amusing は現在分詞から派生した**形容詞**だとわかります。ここで、SVOC の O が it で、C である amusing の後に that 節が続いているので、it は**形式目的語**で、that 節が**真目的語**だと判断できます。

that 節の中を見ていきましょう。anyone would not know まで読んだところで、anyone が**主語**、would not know が**動詞**だとわかります。know は主に**他動詞**として使われるので、後に目的語になる名詞が続くと考えて読み進めます。

know の後に how he reasoned が続いています。know は目的語に節をとれるので、how he reasoned は目的語になる**名詞節**と考えます。reason には「理由」という名詞の意味もありますが、-ed が付いているので、「推理する」という動詞として使われていることがわかります。「彼がどのように推理するか」という意味になります。

構造
Holmes himself found it amusing [that anyone would not know [how he reasoned]].

訳 ホームズ自身は、自分がどのように推理するかが誰にもわからないだろうということを愉快に思っていた。

103 It was common for the company to patent an employee's invention at that time.

* common 形 ふつうの、ありふれた　patent 動 ～の特許を取る　invention 名 発明

it のはたらきに注意して、この文を日本語に直しましょう。

- It was common まで読んだところで、It は形式主語で、後に真主語になる要素が来ることを予想しながら読み進めます。It が**主語**、was が**述語動詞**、common が**補語**になる**形容詞**だと考えると、「それはふつうだった」という意味になります。

- common の後に for the company が出てきました。まずは common を修飾する副詞のはたらきをしていると考えてみます。

- for the company の後に to patent an employee's invention が続いています。patent には「特許」という名詞の意味と「～の特許を取る」という動詞の意味があります。名詞の patent は可算名詞なので、単数の場合は冠詞が必要ですが、ここでは冠詞がありません。さらに、後に an employee's invention という名詞が続いているので、ここでは**動詞**の意味で使われているとわかります。to patent an employee's invention は **to 不定詞**になっています。

- to patent an employee's invention が to 不定詞だとわかったところで、直前の for the company は **to 不定詞の意味上の主語**になっているのだとわかります。「会社が従業員の発明の特許を取ること」という意味になります。

- ここまで読んだところで、文頭の It は**形式主語**で、to patent an employee's invention が**真主語**になる**名詞用法の to 不定詞**だとわかります。to 不定詞の前に〈for A〉の形で意味上の主語がある場合は、〈意味上の主語＋ to 不定詞〉をひとかたまりとしてとらえるようにしましょう。

- an employee's invention の後の at that time は、「その当時は」という意味の**副詞句**で、was common を修飾しています。過去形の動詞とともに使われます。

構造

It was common <for the company> [to patent an employee's invention]
<at that time>.

訳 その当時は、会社が従業員の発明の特許を取るのがふつうだった。

104 The continuously changing economic conditions have made it necessary for thousands of people to find additional, or new, sources of income.

* continuously 副 継続的に　additional 形 追加の　income 名 収入

it のはたらきに注意して、この文を日本語に直しましょう。

- The continuously changing economic conditions の continuously は **副詞** で、changing を修飾しています。changing は「変化する」という**形容詞用法の現在分詞**で、economic とともに conditions を修飾しています。「継続的に変化する経済状況」という意味になります。

- have made it necessary が出てきたところで、The continuously changing economic conditions が**主語**、have made が**述語動詞**だと判断します。**〈have＋過去分詞〉**の**現在完了**になっていることに注意しましょう。

- have made it necessary を見たところで、make は **SVOC** の形で「O を C にする」という**〈状態変化〉**の意味を表すことを思い出しましょう。「それを必要にする」という意味になります。〈make OC〉の O の部分に it が出てきたら、前出のものを受けている可能性と形式目的語の可能性を考えましょう。

- for thousands of people to find まで読んで、〈for 人 to *do*〉の形が見えたところで、have made it の it は**形式目的語**で、to find 以下が**真主語**になる**名詞用法の to 不定詞**、for thousands of people は **to 不定詞の意味上の主語**になっているとわかります。

- find の後の additional, or new は 2 つの形容詞が並ぶ形になっており、名詞の sources of income を修飾しています。「何千もの人々が追加の、あるいは新たな収入源を見つけること」という意味になります。

構造

[The continuously changing economic conditions] have made it necessary

<for thousands of people> [to find additional, or new, sources of income].

訳 絶えず変化する経済状況のせいで、何千もの人々が、追加の、あるいは新たな収入源を見つけることを必要としている。

構文の構造をとらえる（2）

省略されている要素に注意して、次の文を日本語に直しましょう。

1 My coach is stricter than John's.

2 She can run as fast as you.

3 Though tired, Mana studied till late at night.

基本構造を知る　省略構文

私たちは、情報を簡潔に伝えるために、文脈から明らかな情報を省略することがあります。たとえば、"Can you swim?" "Yes, I can." の I can の後には動詞の swim が省略されています。これは、swim をあえて言わなくても文脈から明らかだからです。ここでは、どのような場合に省略が起こるか、具体的に見ていきましょう。

反復を避けるための省略

〈所有格＋名詞〉の構造が複数回出てくる場合、**名詞の反復を避けるために2回目以降は名詞を省略することがあります**。次の文では、2回目の car を省略することができます。

This car is my father's (**car**).（この車は父のものだ）

car の反復を避けるために省略

また、**動詞**や**前置詞句などの動詞に伴う要素**も、反復を避けるために省略されることがあります。次の文では、didn't の後の go to the art museum を省略することができます。

My brother went to the art museum, but I didn't (**go to the art museum**).

（兄は美術館に行ったが、私は行かなかった）　動詞＋前置詞句の反復を避けるために省略

比較の as や than の後では、**補語**が省略されることがあります。次の文では、as you think it is easy の easy を省略することができます。

This question is not as easy as you think it is (**easy**).

（この問題はあなたが思うほど易しくない）　補語の反復を避けるために省略

to 不定詞の内容が前の表現のくり返しになる時には、to 以下の動詞句が省略されることがあります。次の文では、to の後の have lunch を省略することができます。

Would you like to have lunch? — Sure, I'd love to (**have lunch**).

（昼食をとりませんかーもちろん、喜んで）　動詞句の反復を避けるために省略

前後の文脈から予測可能な省略

接続詞の when、while、if、unless などで始まる副詞節の主語の代名詞が、主節の主語と同じ場合、文脈から主語が何であるかわかるので、**副詞節の〈代名詞＋ be 動詞〉が省略されることがあります。**このような省略は、特にかたい文体で見られます。

When (**you** are) in a library, you should be quiet. (図書館にいる時は、静かにしなさい)

主語は主節の主語 you と一致

基本構造に迫る

1 〈比較級＋ than ～〉の than の後が、所有格の John's で終わっています。これは、主節の My coach に対して、John's coach が〈所有格＋名詞〉という同じ形になっているので、共通の名詞である coach が省略されたからです。

My coach is stricter <than John's (coach)>.

正解 私のコーチはジョンのコーチよりも厳しい。

2 as far as の2つめの as は従属節を作る接続詞で、後には〈主語＋動詞〉が続きますが、ここでは you だけで終わっています。これは、主節の動詞と as で始まる節の動詞が同じなので、共通する can run が省略されているからです。

She can run〈as fast〈as you (can run)〉〉.

正解 彼女はあなたと同じくらい速く走れる。

3 接続詞の Though の後に主語がなく、tired が続いています。これは、主節の主語と though で始まる節の主語が一致しているため、though で始まる節の〈主語＋ be 動詞〉が省略されているからです。接続詞の後に主語や動詞が来ていない場合は、省略されている要素があると考えて読みましょう。

<Though (she was) tired>, Mana studied <till late at night>.

主語は主節の主語 Mana と一致

正解 疲れていたが、マナは夜遅くまで勉強した。

音声 Theoria Basic_105.mp3

105 If you are caught in a heavy rain, you should run as fast as you can to your destination to minimize the amount of rain that falls on you.

* destination 名 目的地　　minimize 動 ～を最小限にする

省略されている要素に注意して、この文を日本語に直しましょう。

- If you are caught in a heavy rain は、接続詞 if で始まる**条件を表す副詞節**になっています。be caught in a rain は「雨に降られる」という熟語として覚えておきましょう。「もし大雨に降られたら」という意味になります。you は「(一般に) 人」という〈**総称**〉として使われているので、「あなた」と訳す必要はないことに注意しましょう。

- a heavy rain の後の you should run 以下が主節で、you が**主語**、should run が**述語動詞**です。should は「～すべき」という意味を表す**助動詞**です。

- as fast as you can は、〈**as +形容詞・副詞の原級+ as A can**〉という形で「できるだけ～」という意味を表す慣用表現です。you should run as fast as you can は「できるだけ速く走るべきだ」という意味になります。

- ここで、as A can の構造について確認しておきましょう。この as は**接続詞**で、主節と動詞が同じなので、**反復を避けるために can の後の動詞が省略されている**と考えます。この文では、as fast as you can run の run が省略されています。

- can の後の to your destination は、〈**前置詞+名詞**〉の形で述語動詞の should run を修飾する**副詞のはたらき**をしています。「目的地へ」という意味になります。

- to minimize the amount of rain は **to 不定詞**で、run の〈**目的**〉を表す**副詞用法**として使われています。「雨の量を最小限にするために」という意味になります。

- rain の後の that falls on you の that は**関係代名詞**で、that 以下が the amount of rain を修飾しています。「自分に降りかかる雨の量」という意味になります。

構造
<If [you] are caught <in a heavy rain>>, [you] should run <as fast <as you can>> <to your destination> <to minimize the amount of rain (that falls on you)>.

訳 もし大雨に降られたら、自分に降りかかる雨の量を最小限にするために、目的地までできるだけ速く走るべきだ。

106 In the UK life expectancy is rising faster than thought.

* life expectancy 名 平均余命

省略されている要素に注意して、この文を日本語に直しましょう。

- In the UK は「英国では」という意味の副詞句です。副詞句を文頭に置くと、イントロとして場面を設定するはたらきをします。「ここからは英国についての話だな」と考え、次に〈主語＋動詞〉が出てくると予測しながら読み進めましょう。

- In the UK の後に life expectancy is rising が出てきたところで、life expectancy が主語、is rising が述語動詞だと考えます。life expectancy は、直訳すると「命の期待値」ですが、「平均余命」という意味になります。is rising は現在進行形になっているので、「平均余命は伸びつつある」という意味になります。

（ちなみに） rise は「上がる」という意味の自動詞です。進行形で使うと、「だんだんと上昇し続けている」という意味を表します。また、「～を上げる」という意味の他動詞 raise と混同しやすいので注意しましょう。

- is rising の後の faster は、「速く」という意味の副詞の比較級で、is rising を修飾しています。than の後に比較対象が来ると考えながら読み進めます。

- than の後に thought が出てきました。thought には動詞の過去形・過去分詞のほかに「考え」という名詞の意味もありますが、名詞だと考えると life expectancy が比較対象になってしまい、意味が通じません。別の可能性を考えてみましょう。動詞の過去形、過去分詞形、名詞が同じ形をしている語が出てきたら、どの形で使われているか、文中での役割や品詞をきちんと考える必要があります。

- 次に、life expectancy is rising が比較対象だと考えてみましょう。すると、than it (＝life expectancy) is thought (to rise) という副詞節になるところが、主節と主語が同じなので、〈代名詞＋ be 動詞〉が省略されて thought だけが残った形になっているとわかります。「考えられているよりも」という意味になります。

構造: <In the UK> [life expectancy] is rising <faster <than (it is) thought (to rise)>>.

訳 英国では、平均余命が考えられているよりも速く伸びている。

107 We knew that something was terribly wrong, but had no idea what.

* terribly 副 ひどく

省略されている要素に注意して、この文を日本語に直しましょう。

- We knew を見たところで、We が主語、knew が述語動詞だとわかります。know は後に目的語をとる他動詞として使われることが多いので、後に名詞が続くと考えて読み進めます。

- knew の後に that something was terribly wrong が続いています。この that 節は、know の目的語になる名詞節だと考えます。

- something was terribly wrong は、something が主語、was が動詞です。terribly wrong は、副詞の terribly が形容詞の wrong を修飾してしいます。「何かがひどく間違っていた」という意味になります。

- wrong の後に、コンマに続いて but had no idea が出てきました。等位接続詞の but の後に動詞の had が続いています。等位接続詞は文法的に対等なものを結ぶので、had は主節の knew と結ばれていると考えます。

- had no idea の後に what が来て、文が終わっています。had no idea は〈have no idea of A〉(A についてまったくわからない) の of が省略された形だと考えます。くだけた表現では、**have no idea of の後に what や who が来ると、of がしばしば省略されます。**

- この文では、what が主節の目的語にある something was terribly wrong と対の関係になっていることに注目しましょう。すると、この what は **what was terribly wrong の was terribly wrong が省略されたもの**だとわかります。「何がひどく間違っているのかまったくわからなかった」という意味になります。what の後が省略されている時は、文中で対応している表現を探し、〈動詞 + α〉を補って考えるとよいでしょう。

構造

We ┌ knew [that something was terribly wrong],
　　│ but
　　└ had no idea (of) what (was terribly wrong).

訳 私たちは、何かがひどく間違っていることはわかっていたが、何が間違っているかはまったくわからなかった。

108 Though considerably smaller than a horse and far smaller than an elephant, the human being can live longer than any mammal.

* considerably 副 かなり　　mammal 名 哺乳類

省略されている要素に注意して、この文を日本語に直しましょう。

Though という従属接続詞で文が始まっています。後に〈主語＋動詞〉が来ると考えながら読み進めると、considerably smaller than a horse という〈比較級 than A〉の形が出てきました。considerably は「かなり」という意味の副詞で、形容詞の smaller を強調していて、「馬よりもかなり小さい」となります。まだ主語が出てきません。

and の後の far smaller than an elephant も〈比較級 than A〉の形になっています。ここでは、considerably の代わりに far が smaller を強調しています。「象よりもはるかに小さい」という意味になります。これも主語になりません。

elephant の後にコンマが来て、〈主語＋動詞〉が出てこないまま Though で始まる節が終わってしまいました。ここで、主節の主語と Though で始まる節の主語が一致しているので、〈主語＋動詞〉が省略されていると判断します。この後に、主語にあたる、馬や象より小さいものが出てくると考えながら読み進めましょう。

コンマの後に the human being が出てきました。ここで、Though で始まる節の主語は the human being で、「確かに人間は馬や象よりも小さいな」と確認できます。

the human being の後には can live longer than any mammal が続いています。the human being が主語、can live が述語動詞、longer が can live を修飾している副詞だと考えます。longer than any mammal は〈比較級 than A〉の形になっています。「人間はどの哺乳類よりも長く生きることができる」という意味になり、これが書き手が伝えたかったことだとわかります。このように、構造だけでなく、内容を予測しながら読んでいくと、自然な流れで英文を理解することができるようになります。

構造 <Though (the human being is) considerably smaller than a horse and far smaller than an elephant>, [the human being] can live <longer <than any mammal>>.

訳 馬よりもかなり小さく、象よりもはるかに小さいが、人間はどの哺乳類よりも長生きすることができる。

構文の構造をとらえる（3）

 挿入されている要素に注意して、次の文を日本語に直しましょう。

1 Her success is, after all, due to her patience and diligence.
2 The weather was bad, and what was worse, we lost our way.
3 I saw Mr. White, the English teacher of your school.

基本構造を知る　挿入・同格

文の途中で、補足的に情報を付け足したい時に、その情報を含む語句や節をはさみこむことがあります。これを〈挿入〉といいます。ここでは、挿入がどのように行われるかを見ていきましょう。

語句の挿入

文の途中に説明的な役割をする語句をはさみこむことがあります。挿入された語句は、ふつうコンマやダッシュで区切られています。

It is essential, **therefore**, that you should do this immediately.
語の挿入
（したがって、あなたはすぐにこれをすることが肝心だ）

挿入された語句は、文中でSVOCなどの要素にはなりません。したがって、文の構造を考える際には、挿入された語句をいったん外してみるとよいでしょう。

therefore を挿入
It is essential [that you should do this immediately].
形式主語 ──→真主語

節の挿入

語句だけでなく、節を文の途中にはさみこむこともあります。語句の場合と同じように、挿入された節は、ふつうコンマやダッシュで区切られています。

His brother was, **as you know**, elected as mayor.
節の挿入　（彼の兄は、ご存じのとおり市長に選出された）

〈名詞＋名詞〉の同格

ある名詞の後に、その名詞を説明したり、言い換えたりするための別の名詞を置くことがあります。この時、2つの名詞は同格の関係にあります。〈名詞＋名詞〉の同格表現では、挿入と同じように、ふつうコンマやダッシュで2つの名詞を区切ります。

Kaoru, **my brother**, is a student at Kyoto University.

Kaoru = my brother（同格）（私の兄のカオルは京都大学の学生だ）

基本構造に迫る

1 Her success is の後に、after all（結局は）がコンマにはさまれる形で出てきました。その後には due to her patience and diligence という句が続いているので、**述語動詞と補語の間に句が挿入されている**とわかります。

Her success is, **after all**, due <to her patience and diligence>.

句の挿入

正解 彼女の成功は、結局は、忍耐と勤勉さによるものだ。

2 The weather was bad の後に、and に続いて what was worse がコンマにはさまれるかたちで出てきました。その後には we lost our way という文が続いているので、**2つの文の間に節が挿入されている**とわかります。**〈and what is 比較級〉**は「さらに〜なことに」という意味の関係代名詞 what を用いた定型表現です。

The weather was bad, and **what was worse,** we lost our way.

節の挿入

正解 天気が悪く、さらに悪いことに、私たちは道に迷ってしまった。

3 I saw Mr. White の後に、コンマに続いて the English teacher of your school が出てきました。〈名詞＋名詞〉のかたちになっているので、the English teacher of your school は Mr. White を説明している**同格表現**だとわかります。

I saw Mr. White, **the English teacher of your school**.

Mr. White = the English teacher of your school（同格）

正解 あなたの学校の英語の先生であるホワイト先生に出会った。

音声 Theoria Basic_109.mp3

109 World history, after all, is not a list of everything that ever happened; it's a chain of only the most important events.

* chain 名 連鎖

挿入されている要素に注意して、この文を日本語に直しましょう。

World history, after all, is not a list of everything まで読んだところで、World history と is の間に after all が挿入されていることに気づきます。**挿入句は、文中でSVOC などの要素にはならない**ので、いったん外して文の構造を考えてみましょう。after all は「結局のところ」という意味で、前に出た内容をまとめ直す役割があります。

World history is not a list of everything は、World history が**主語**、is が**述語動詞**、a list of everything が**補語**になっています。「世界史はすべての出来事のリストではない」という意味になりますが、ここに挿入句の after all の意味を加えて、「世界史は、結局のところ、すべての出来事のリストではない」ととらえます。

everything の後に that ever happened が続いています。この that は、後に動詞が続いているので、**主格の関係代名詞**だとわかります。「これまでに起こったすべての出来事のリスト」という意味になります。

happened の後に**セミコロン（；）**が置かれています。セミコロンは「そして」あるいは「しかし」という意味でとらえておくようにしましょう。

it's a chain of only the most important events の it は、前の文の World history を指しています。chain は「連鎖」という意味の**名詞**です。

only the most important events の only は**副詞**で、the most important を修飾しています。「最も重要な出来事だけの連鎖」という意味になりますが、「最も重要な出来事だけを連ねたもの」のようにとらえるとよいでしょう。

構造

World history, <after all>, is not a list of everything (that ever happened);

it 's a chain of only the most important events.

訳 世界史は、結局のところ、これまでに起こったすべての出来事のリストではなく、最も重要な出来事だけを連ねたものである。

110 Music has a way of enhancing quality of life and can, furthermore, promote recovery from diseases.

* enhance 動 ～を高める　　furthermore 副 そのうえ、さらに
promote 動 ～を促進する

挿入されている要素に注意して、この文を日本語に直しましょう。

- Music has a way まで読んだところで、Music が**主語**、has が**述語動詞**だと考えます。has は、a way という名詞が後に続いているので、**他動詞**だとわかります。

- has の後に a way of enhancing quality of life が続いています。enhancing は〈動名詞〉と〈名詞を修飾する現在分詞〉の２つの可能性があるので、第23課で学んだ見分け方を使ってみましょう。enhancing と後に続く名詞 quality of life の関係を見ると、**〈動詞と目的語〉の意味関係**が成り立つので、**動名詞**だと考えます。「生活の質を高める方法」という意味になります。

- life の後に and can, furthermore, promote recovery が続いています。can の後には動詞の原形が続きますが、コンマが現れたところで「挿入が始まるのかな？」と考え、動詞の原形が出てくるのを待ちながら読み進めます。furthermore は「そのうえ」という意味の**副詞**ですが、**コンマで区切られる形で挿入されている**ので、いったん外して文の構造を考えてみましょう。and の後が can promote という〈**助動詞＋動詞**〉なので、この部分の主語は Music だとわかります。

- recovery from diseases の recovery は、promote の**目的語**になっています。from diseases は、〈**前置詞＋名詞**〉の形で recovery を修飾する**形容詞のはたらき**をしています。「病気からの回復を促進することができる」という意味になりますが、ここに挿入された furthermore の意味を加えて、「そのうえ、病気からの回復を促進することもできる」ととらえるとよいでしょう。

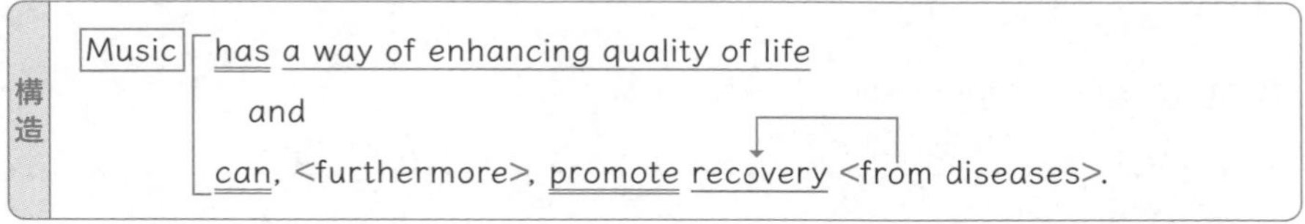

構造
Music
has a way of enhancing quality of life
and
can, <furthermore>, promote recovery <from diseases>.

訳 音楽は、生活の質を高める方法を持っており、そのうえ、病気からの回復を促進することもできる。

111 A great British writer, J. K. Rowling, is now attracting the attention of millions of children from all over the world.

* J. K. Rowling 名 J. K. ローリング（英国の作家。「ハリー・ポッター」シリーズの著者）

挿入されている要素に注意して、この文を日本語に直しましょう。

A great British writer の後に、コンマにはさまれる形で J. K. Rowling が続いています。〈名詞＋名詞〉の形になっているので、〈同格〉の関係になっているとわかります。〈職業や立場を表す名詞句＋コンマ＋人名〉または〈人名＋コンマ＋職業や立場を表す名詞句〉という同格を表すパターンはよく使われるので覚えておきましょう。

J. K. Rowling の後に is now attracting が出てきたところで、A great British writer が主語、is now attracting が述語動詞だと考えます。〈be 動詞＋現在分詞〉の現在進行形になっているので、今まさに注目を集めていることがわかります。副詞 now が be 動詞と *doing* の間に置かれる場合があることも頭に入れておきましょう。attract は主に他動詞で使われるので、後に目的語になる名詞が来ると予測して読み進めます。

the attention of millions of children は、attracting の目的語になっています。millions of は「何百万もの」という意味を表します。「何百万もの子供たちの注目を集めている」という意味になります。

from all over the world は、millions of children を後ろから修飾する形容詞のはたらきをしています。all over the world の over は前置詞で、ここでは「～じゅうで」という意味で使われています。この意味では、強調のためにしばしば all を置きます。

ちなみに　from all over the world のように、〈場所〉や〈時〉を表す前置詞句の前にさらに別の前置詞が置かれるものを〈二重前置詞〉といいます。また、from below「上から」、from behind「背後から」のように、〈前置詞＋副詞〉の形をとる表現もあります。

構造

A great British writer, J. K. Rowling, is now attracting the attention of millions of children (from all over the world).

訳　イギリスの偉大な作家であるJ.K.ローリングは今、世界中の何百万人もの子供たちの注目を集めている。

112 The popularity of a particular brand, as reflected in the number of followers and the number of 'likes', has become an important part of the marketing research.

* popularity 名 人気　reflect 動 ～を反映する　follower 名 (SNS の) フォロワー
'like' 名 (SNS での)「いいね」　marketing research 名 市場調査、マーケティングリサーチ

挿入されている要素に注意して、この文を日本語に直しましょう。

- The popularity of a particular brand の particular は「特定の」という意味の**形容詞**で、**名詞**の brand を修飾しています。「特定のブランドの人気」という意味になります。

- a particular brand の後に、as reflected in the number of followers and the number of 'likes' がコンマで区切られる形で**挿入**されています。as は、ここでは節を導く**接続詞**として使われています。まずは挿入節だけで考えてみましょう。

- as の直後に**過去分詞**の reflected が出てきたところで、as で始まる節の**〈主語＋ be 動詞〉が省略されている**と考えます。省略されるのは主語が主節と同じ場合なので、as と reflectedの間にit (= the popularity of a particular brand) isを補って読んでみます。

- reflected in は、「～に反映されている」という意味です。in の後の the number of followers and the number of 'likes' は、「フォロワー数や『いいね』の数」という意味になります。likes はここでは名詞として使われていて、複数形になっています。as にはいろいろな意味がありますが、ここでは**前の名詞を説明するはたらきを**していると考え、「フォロワー数や『いいね』の数に反映されるブランドの人気」ととらえておきます。

- 'likes' の後に、コンマに続けて has become が出てきました。これが The popularity of a particular brand に対する**述語動詞**になります。

- an important part of the marketing research は、has become の**補語**になっています。marketing research は、２つの名詞が並んだ**複合名詞**ととらえます。「市場調査の重要な一部になっている」という意味になります。

構造
[The popularity of a particular brand], <as (it is) reflected in the number of followers and the number of 'likes'>, has become an important part of ....

訳 フォロワー数や「いいね」の数に反映される、特定のブランドの人気は、市場調査の重要な一部になっている。

主要参考文献

文法項目の解説を書くにあたり主に参考としたもの

安藤貞雄（2005）『現代英文法講義』（開拓社）

石原健志（2022）『受験英語をバージョンアップする ずっと使える英語力への 15 の Tips』（開拓社）

今井康人（2011）『ZESTAR 総合英語』（Z 会）

江川泰一郎（1991）『英文法解説』（金子書房）

柏野健次（2012）『英語語法詳解』（三省堂）

川原功司（2023）『英文法の教え方 ―英語教育と理論言語学の橋渡し―』（開拓社）

北村一真（2023）『英文読解を極める「上級者の思考」を手に入れる 5 つのステップ』（NHK 出版）

倉林秀男（2021）『英文解釈のテオリア』（Z 会）

倉林秀男、石原健志（2022）『英語長文のテオリア』（Z 会）

小西友七（2006）『現代英語語法辞典』（三省堂）

杉山忠一（2022）『英文法詳解 新装復刻版』（Gakken）

田地野彰（2021）『明日の授業に活かす「意味順」英語指導 理論的背景と授業実践』（ひつじ書房）

田中健一（2018）『英文法基礎 10 題ドリル』（駿台文庫）

田中健一（2019）『英文法入門 10 題ドリル』（駿台文庫）

デクラーク・レナート、安井稔訳（1994）『現代英文法総論』（開拓社）

仲本浩喜（2012）『仲本の「壁」を突破する英文法完全速習講義』（PHP 研究所）

松井孝志（2021）『チャンクで積み上げ英作文 Basic』（三省堂）

松井孝志（2021）『チャンクで積み上げ英作文 Standard』（三省堂）

安井稔・安井泉（2022）『英文法総覧　大改訂新版』（開拓社）

綿貫陽、マーク・ピーターセン（2006）『表現のための実践ロイヤル英文法』（旺文社）

Biber, D., Johansson, S., Leech, G., Conrad, S., & Finegan, E.（1999）. *Longman Grammar Spoken & Written English*. London, England: Longman.

Huddleston, R.（2002）. *The Cambridge Grammar of the English Language*. Cambridge University Press.

Huddleston, R., Pullum, G. K., & Reynolds, B.（2021）. *A Student's Introduction to English Grammar*（2nd ed.）. Cambridge, England: Cambridge University Press.

Leech, G., Svartvik, J.（2003）. *A Communicative Grammar of English*（3rd ed.）. London, England: Longman.

Quirk, R., Greenbaum, S., Leech, G., & Svartvik, J.（1985）. *Comprehensive Grammar of the English Language*. London, England: Pearson Longman.

Swan, M.（2016）. *Practical English usage*（4th ed.）. Oxford University Press.

語注や訳語を作る際に参考にした辞書

『ジーニアス英和大辞典』（大修館書店）
『ジーニアス英和辞典 第 6 版』（大修館書店）
『ランダムハウス英和大辞典』（小学館）
『新英和大辞典』（研究社）
『ウィズダム英和辞典 第 4 版』（三省堂）
『オーレックス英和辞典 第 2 版』（旺文社）
『コンパスローズ英和辞典』（研究社）
『スーパーアンカー英和辞典』（Gakken）
Longman Dictionary of Contemporary English 6th edition, Longman.
Oxford Advanced Learner's Dictionary 10th edition, Oxford University Press.
Collins English Dictionary 12th edition, HarperCollins

著者紹介

石原 健志（いしはら たけし）

大阪星光学院中学校・高等学校教諭。神戸市外国語大学大学院 英語教育専攻修了、同博士後期課程在籍。京都外国語大学大学院 英米語学専攻修了。英検１級、TOEIC 990 点。著書に『入試実例 コンストラクションズ 英文法語法コンプリートガイド』（三省堂）、『英語長文読解プラクシス』シリーズ（共著、Ｚ会）。『英語長文のテオリア』（共著、Ｚ会）などがある。

倉林 秀男（くらばやし ひでお）

杏林大学外国語学部教授、博士（英語学（獨協大学））。専門は英語学、文体論。〈ことば〉にかかわること全般を研究対象としている。日本文体論学会代表理事（2018 年～ 2020 年）、同学会会長（2020 年～）。著書に『ヘミングウェイで学ぶ英文法』（共著、アスク）、『バッチリ身につく 英語の学び方』（ちくまプリマー新書）、『英文解釈のテオリア』『英語長文のテオリア』（Ｚ会）などがある。

基礎英文のテオリア 英文法で迫る英文読解の基礎知識

初版第１刷発行 ……………… 2023 年 8 月 1 日

著者 ……………………………… 石原健志、倉林秀男
発行人 …………………………… 藤井孝昭
発行 ……………………………… Ｚ会
〒411-0033　静岡県三島市文教町 1-9-11
【販売部門：書籍の乱丁・落丁・返品・交換・注文】
TEL 055-976-9095
【書籍の内容に関するお問い合わせ】
https://www.zkai.co.jp/books/contact/
【ホームページ】
https://www.zkai.co.jp/books/
装丁 ……………………………… BLANC design inc.
印刷・製本 ……………………… シナノ書籍印刷株式会社
DTP ……………………………… 株式会社 デジタルプレス

ISBN978-4-86531-577-6　C7082